清代直省驻防城

对其所依附城市形态演变的作用研究

张威 著

中国建筑工业出版社

图书在版编目（CIP）数据

清代直省驻防城对其所依附城市形态演变的作用研究 / 张威
著. —北京：中国建筑工业出版社，2019.5
　ISBN 978–7–112–23753–1

　Ⅰ.①清⋯　Ⅱ.①张⋯　Ⅲ.①军事—防御体系—研究—中
国—清代　Ⅳ.①E294.9

　中国版本图书馆CIP数据核字（2019）第093006号

责任编辑：杨　晓
责任校对：王　瑞

清代直省驻防城对其所依附城市形态演变的作用研究
张威　著
　　　＊
中国建筑工业出版社出版、发行（北京海淀三里河路9号）
各地新华书店、建筑书店经销
北京点击世代文化传媒有限公司制版
北京京华铭诚工贸有限公司印刷
　　　＊
开本：787×960毫米　1/16　印张：15　字数：222千字
2019年6月第一版　2019年6月第一次印刷
定价：78.00元
ISBN 978-7-112-23753-1
　　（34071）

内容摘要

　　沿袭诸多明制的有清一代，创建了用少数兵力控制辽阔疆土的八旗驻防制度，而清代直省驻防城则是落实这一制度的重要载体。清代直省驻防城是具有一定规模、军事功能突出、以八旗官兵为主、为满足清廷统治需要而在各行省重要城市设置的军事驻防空间。尽管直省驻防城是清廷有计划地强行置入各行省的军事驻防空间，但每个直省驻防城的出现对于其所依附的城市来说却均属突发事件，它的存在打破了其所依附城市以自组织形式演变的渐进状态，而使依附城市不得不通过调整城市生长核心、生长轴线、道路体系、功能布局、街区肌理等突变形式来被动地接纳这一现实，尽管城市形态演变是诸多因素合力作用的结果，但清代直省驻防城的存在却在一定程度上改变了其所依附城市形态演变的历史进程。本书从城市形态演变的角度出发，分析清代直省驻防城在其所依附城市形态演变过程中所起的作用，进而探寻城市在其形态演变过程中应对突发空间楔入的调节规律，从而为当今城市规划、新区建设、旧城改造的决策提供依据。

　　本书为2014年度教育部人文社会科学研究规划基金项目：清代直省满城在其依附城市形态演变过程中所起作用及留存历史印迹研究（14YJAZH107）的研究成果。

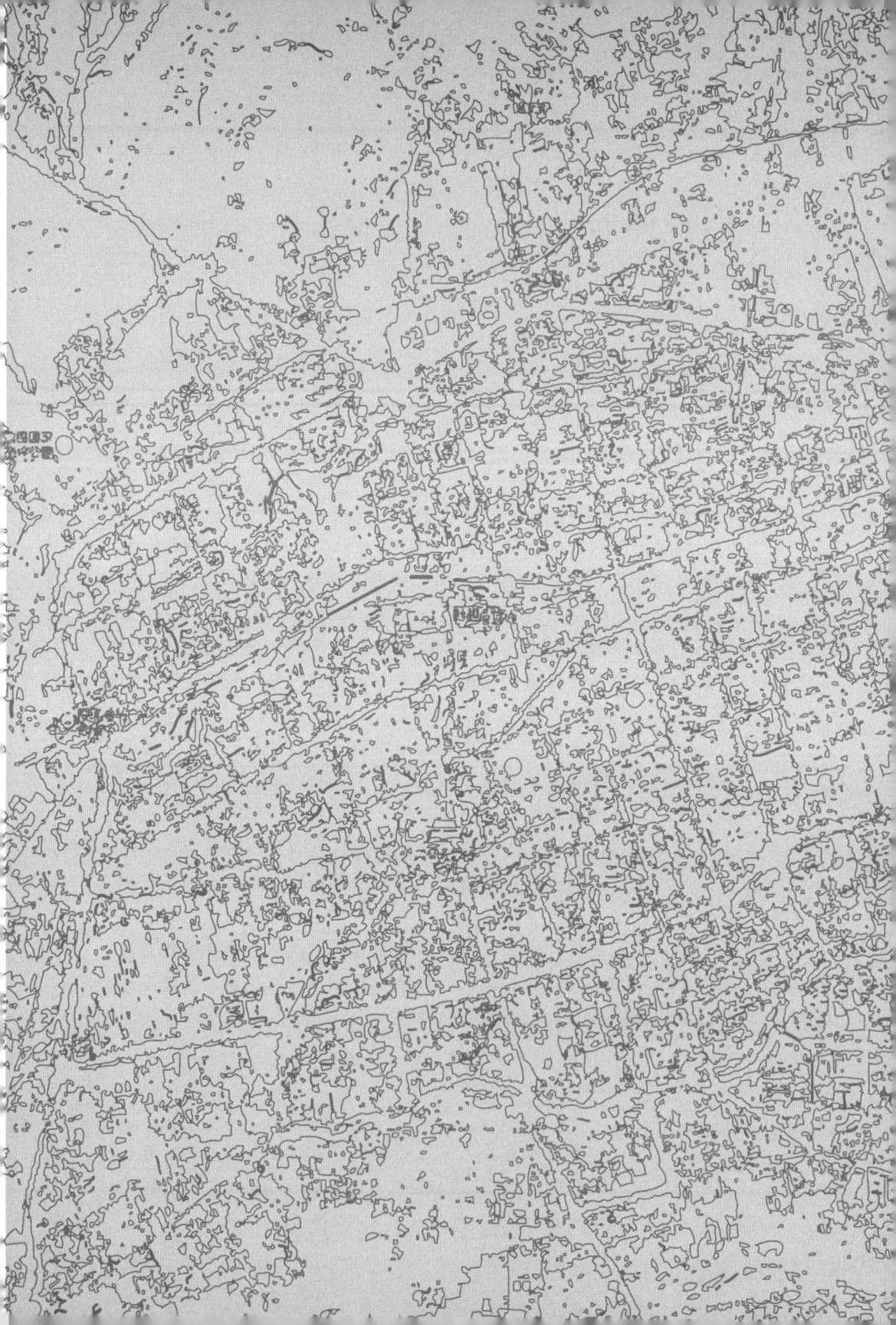

目 录

绪 论 /

一、研究意义

清代驻防城，是具有一定规模、军事功能突出、以八旗兵丁为主、为满足清廷统治需要而在全国各战略要地及主要城市设置的军事驻防空间。清廷通过在畿辅（北京及周边）、直省（各行省如西安、杭州、成都等）、盛京（东北地区）及新疆地区设置驻防城，以实现以少数兵力控制辽阔疆土的目的。清代驻防城通常被设置在一座既有城市的内部特定区域或外围，这类被驻防城依托的城市称为依附城市。本书将清代直省驻防城及其依附城市作为研究对象，重点研究清代直省驻防城给其所依附城市在城市形态演变中所带来的诸多影响，同时梳理留存在依附城市中的清代直省驻防城历史遗存。

（一）学术价值

1. 探寻城市应对"突发空间"楔入的调节规律

当前，许多城市都通过建设新区来适应各自政治、经济、文化的发展需要，城市也在新区建设过程中不断受到"突发空间"楔入的影响，致使有些城市由于新区的出现逐渐偏离了原有渐进的、自组织形式拓展的城市形态演变轨道。清代直省驻防城是清廷有计划地强行置入各行省的独立军事驻防空间，但对于其所依附城市来说却属突发事件，清代直省驻防城以"突发空间"楔入的形式打破了其所依附城市以自组织形式演变的渐进状态，而不得不调整原有的城市形态来被动地接纳这一现实。清廷设置在各行省的21处直省驻防城是通过"突发空间"楔入来影响城市形态演变的典型案例，因此从建筑学、历史学、地理学等多学科交叉角度出发，去研究清代直省驻防城给其所依附城市在城市形态演变过程中带来的诸多影响，进而探寻城市应对"突发空间"楔入的调节规律，就有了一定的学术价值。

2.补充清代城市史学术研究

清代是由少数民族实行统治的朝代，既要保持"国语骑射"，又要统治辽阔疆土，让清廷开创了八旗驻防制度，而反映在城市载体上就是在一些重要城市内外设置驻防城以弹压地方，清代直省驻防城的出现打破了其所依附城市的既有格局和城市拓展模式，这是清代城市发展过程中比较突出的现象，对这类极具民族个性、军事特征的清代直省驻防城及其依附城市进行研究，有助于对清代城市的深刻认识。另外，清代城市研究存在着一定的不均衡性，体现在研究清代前、中期城市的学术成果较少，而研究清代后期城市的成果较多，这种现象或许是基于清后期社会变革较大，城市转型特征明显的缘故，而本书中涉及的清代直省驻防城及其依附城市，多为清前期、中期的城市，对这些具有民族性、军事特征，以"突发空间"楔入形式出现的清代直省驻防城及其依附城市进行研究，补充了清代城市史研究的学术成果。

（二）现实意义

1.为城市规划建设的决策提供依据

当今中国的多数现代化城市都是在清代城市的基础上发展演变而来，这些城市的发展与有清以来城市政治、经济、军事、文化等各个领域的发展变化息息相关。通过对清代城市进行研究，有助于揭示中国城市的特征及其城市形态演变规律，这对于如何认识和推动中国城市的发展有着重要的意义，只有加强对清代城市的研究，探寻新时代的城市所面临的城市形态演变规律，才能更好地为当前的城市规划、旧城改造、新区建设等决策提供科学依据。

2.为城市历史文化遗产保护与利用提供支撑

每一次朝代的更替，都会在城市中留下深刻的历史印迹，沿袭诸多明制的有清一代，创建了以少数兵力统治辽阔疆土的八旗驻防制度，而清代驻防城充当了这一八旗驻防制度的重要载体，同时也是这一制度曾经存在的重要见证。本书在分析清代直省驻防城对其所依附城市形态演变作用的同时，不可避免地会涉及直省驻防城作为历史片段在其城市形态演变过程中留存的印迹，尽管有些学者也针对清代驻防城个案的历史遗存进行过调研，但将清代直省驻防城作为一个整体进行历史遗存研究的成果并不多见，本书通过对清代直省驻防城留存在其所依附城市中的显性历史遗存及隐形历史遗存进行调研发掘、整理归纳，不仅是为了更好地保护留存在依附城市中的历史文化遗产，还可以从中提取出有价值的历史文化要素，创造性地运用到今后的城市建设中，从而为城市历史文脉延续、城市特色营造提供支持。

二、研究现状

（一）研究成果

1.国内研究成果

从研究角度来看，学界往往从历史学、地理学、军事学、民族学角度对清代驻防城进行研究，只是在研究过程中有些学者立足于个案研究，注重清代驻防城的设置缘由、建置时间、城垣选址、内部结构等问题，如学者黄治国的论文"清代开封八旗驻防的特点"、张静的"清绥远城八旗驻防体系探微"、李凤琪的"青州驻防城建城概述"、雷履平的"成都满城八旗考"、陈喜波的"清代杭州满城研究"等。有些学者则将研究范围放宽为整个八旗驻防体系，来探讨驻防城的战略意义、军政职能、营房保障、驻防规律内部形制等，如学者定宜庄的论著《清代八旗驻防研究》、赵生瑞的论著《中国清代营房史》、吴海燕的"清代满城功能探析"、马协弟的"清代满城考"、谭立峰的"清代旗城探析"等。当然，也有一些学者从城市角度开始关注驻防城空间及形制，如学者朱永杰的论文"清代畿辅地区驻防城的创建及其形制研究"、卢川的"清代八旗驻防与荆州城市变迁"、章生道的"城治的形态与结构研究"等。

2. 国外研究成果

国外以日本学者对清代驻防城关注较多，如日本学者近藤富城的"清代归化绥远城市区的形成过程"、北山康夫的"关于清代的驻防八旗"、细谷良夫的"清朝八旗制度的变化"等，韩国学者也有关注，如任桂淳的著作《清朝八旗驻防兴衰史》。总体来讲国外学者更多的是从历史学、军事学角度来对清代驻防城进行研究。另外，清代驻防城也常在外国学者、外交官及冒险家的游记中被提及，如英国外交家密迪乐的《中国人及其叛乱》、芬兰学者马汉达的《马汉达中国西部考察调研报告合集》、俄国学者阿·马·波兹德涅耶夫的《蒙古及蒙古人》等，尽管游记只是写实性地记录一些清代驻防城的形制、风貌，但对清代驻防城的研究却有着极高的史料价值。

（二）存在问题

从目前国内外学者对清代驻防城的研究现状来看，驻防城本体仍然是学者们关注的焦点，很少有学者将驻防城放在其所依附城市的背景下来探讨清代驻防城的建立、发展、衰败与其所依附城市之间的相互作用关系，因此多数研究成果都是从军事驻防综合领域内来探讨诸如清代驻防城的设置意义、选址缘由、建置时间、城垣规模、内部空间划分等问题；其次，很多学者对清代驻防城的研究多是就某个城或某个城的某一问题进行探索，而缺乏对驻防城同一类型问题的横向比较研究，这种研究方法虽有助于对某一清代驻防城个体的深入认识，但却不利于对清代驻防城建置规律的整体把握；再有，研究成果往往仅停留在理论研究阶段，而没有将成果与现实社会相联系，发挥其应有的实用价值。当然，研究目的不同，切入角度、研究方法及成果去向自然就存在差异，从近年学者的研究成果来看，有些学者已经开始从对清代驻防城个体研究转向对同类驻防城横向比较研究，而多学科交叉的视角将是未来清代驻防城研究的趋势。

三、创新之处

（一）以清代直省驻防城与其所依附城市之间的相互作用为关注点

将清代直省驻防城放在其所依附城市的背景下进行研究，关注点由注重对清代直省驻防城本体研究，转向去探究清代直省驻防城在其所依附城形态演变过程中所起的作用，以及依附城市为适应清代直省驻防城这一"突发空间"的楔入所做出的反应规律。

（二）从建筑学角度对清代直省驻防城进行研究

把对清代直省驻防城的研究从历史学、地理学、军事学、民族学等领域延展到建筑学范畴，从建筑学的角度来研究清代直省驻防城作为一个军事驻防空间，在其完成维护清廷政权稳定的历史使命的同时，对其所依附城市形态产生了怎样的影响。

四、研究对象和方法

（一）研究对象

1. 研究内容

　　研究内容分为两个部分：其一是研究清廷在各行省设置的21处清代直省驻防城给其所依附城市在城市形态演变过程中所带来的诸多影响，以及依附城市为适应这一军事驻防空间所呈现的突变反应，并在此基础上探寻城市在其形态演变过程中应对突发空间楔入的调节规律，这是本书的重点研究部分；其二是梳理各依附城市内留存的清代直省驻防城历史遗存。

2. 时间跨度界定

　　以清廷设置的第一座直省驻防城——西安满城的顺治二年（1645）为研究上限，而下限并未截止在发生辛亥革命的宣统三年（1911），因为尽管这一年清廷的八旗驻防体系解体，多数直省驻防城被毁，但这并不意味着其对依附城市形态演变作用的终结，相反，正是由于自身的解体，才打破了直省驻防城与依附城市各自并置独立发展的格局，开始了与依附城市相互融合，从而进入了直省驻防城影响其所依附城市形态演变的重要阶段，故本书研究时间跨度不设下限。

3. 城市范围界定

　　清廷设置的直省驻防城共21处，分布在现今为首府城市有11处：西安市（西安满城）、杭州市（杭州满城）、南京市（江宁满城）、太原市（太原满城）、福州市（福州驻防城与福州琴江水师驻防城）、广州市（广州驻防城）、成都市（成都满城）、银川市（宁夏满城）、呼和浩特市（绥远满城与归化驻防城），分布在其他城市的共有10处：德州市（德州驻防城）、镇江市（京口驻防城）、荆州市（荆州满城）、右玉县（右卫驻防城）、开封市（开封满城）、潼关县（潼关满城）、平湖县（乍浦满城）、青州市（青州满城）、武威市（凉州满城）、永登县（庄浪满城）。

　　本书需要指出的是，在清代驻防城的概念范畴内，还存在另一种称谓"满城"，对于"满城"的内涵，历史资料内并未给出一个明确的定义，而学者对"满城"内涵的理解又各有不同，因此对于"满城"数量问题还存在一定的争议。本书将文中涉及清廷设置在各行省的驻防城统称为"直省驻防城"，并依据学界大都认可的"满城"内涵：驻防城内兵员以满洲八旗兵丁为主，与其所依附城市采用"旗民分治"管理的驻防城为"满城"，将14处"直省驻防城"认定为"满城"，这14处"满城"分别是：西安满城、杭州满城、江宁满城、太原满城、荆州满城、成都满城、潼关满城、开封满城、宁夏满城、绥远满城、乍浦满城、青州满城、凉州满城、庄浪满城，当然"满城"是包含在驻防城的概念范畴内的。

（二）研究方法

　　利用不同历史时期舆图及相关文献资料，对未兴建清代驻防城之前，清代直省驻防城所依附的城市形态演变趋势进行判定，再将上述判定的城市发展趋势与兴建清代驻防城后依附城市形态演变的实际走向进行对比，通过分析提取出因直省驻防城的存在带给依附城市形态演变的诸多影响，进而探寻城市应对突发空间楔入的调节规律。

　　本书将运用多种研究方法，以纠正不同研究方法自身存在的不足，并在不同阶段注重研究方法的选择。前期阶段主要利用文献研究法查找存在于清代驻防志、地方志、清廷档案等文献中关于清代直省驻防城及其依附城市不同时期的文献资料，并将上述的文献资料与实地调研获得的资料进行比较，用以取得更真实的研究数据；中期通过采用空间分析法对每一座依附城市形态演变趋势进行

判定，分析清代直省驻防城带给依附城市形态演变上的影响；项目
研究后期主要用归纳法及推演法来总结清代直省驻防城在其所依附
城市形态演变过程中所起作用，以及探寻城市应对"突发空间"楔
入后的城市形态演变规律，并适时在今后的城市规划实践中加以
验证。

第一章 / 清代直省驻防城的建立

清廷在争夺国家政权的过程中，曾在各行省诸多军政要地屯兵驻防以巩固战争成果，早期的驻防基本为临时设置，并随着战事的推进而不断调整驻防地点及八旗兵丁数量，此时在驻防营建过程中往往采用圈地匿屋手段。三藩之乱促使清廷下决心在各行省的重要节点设置永久驻防城，鉴于圈占民宅带给当地居民的干扰，清康熙八年（1669）圣祖下令"凡驻防旗兵，嗣后永远不得居住民房。"[1]据此，后期设置的驻防城往往在其所依附城市内部空旷之地划界营建，随着国家承平日久、财力兴盛，逐渐出现了在其所依附城市外围设置独立驻防城的兴建模式。

第一节　清代直省驻防城的概念与数量

一、清代直省驻防城的概念

清代驻防城是具有一定规模、军事功能突出、以八旗兵丁为主、为维持清廷统治而在全国各战略要地及重要城市设置的军事驻防空间。清廷在争夺国家政权及维持其统治的过程中，会根据不同阶段的需要，在畿辅、直省、盛京及新疆等地区设置诸多的驻防城，实现以少数兵力控制辽阔疆土的目的。清代直省驻防城就是指清廷在直省（各行省如西安、杭州、成都等）重要城市内部或外围设置的军事驻防空间。

在清代驻防城概念范畴内，还有一个用来描述驻防城的概念就是"满城"，关于"满城"的概念，很多学者都曾专门撰写文章进行界定，如学者马协弟的"清代满城考"、朱永杰的"'满城'特征探析"、黄平的"清代满城内涵及数量探讨"、韩效的"清代满城概念研究"等论文，并从概念范畴上将"满城"纳入"驻防城"范畴内，即满城是驻防城的一种类型。本书在概念界定上不做过多的论述，只是在认同上述学者研究结论的基础上，将书中涉及的21处直省驻防城中的14处驻防城认定为"满城"。

二、清代直省驻防城的数量

从清顺治二年（1645）设立的第一处直省驻防城西安满城起，至乾隆二年（1737）庄浪满城建立完成，清廷在各行省共建立了21处直省驻防城[2]，涉及依附城市19座分别是：西安市（西安满城）、杭州市（杭州满城）、南京市（江宁满城）、太原市（太原满城）、德州市（德州驻防城）、镇江市（京口驻防城）、福州市（福州驻防城与福州琴江水师驻防城）、广州市（广州驻防城）、荆州市（荆州满城）、右玉县（右卫驻防城）、开封市（开封满城）、成都市（成都满城）、银川市（宁夏满城）、潼关县（潼关满城）、平湖县（乍浦满城）、青州市（青州满城）、呼和浩特市（绥远满城与归化驻防城）、武威市（凉州满城）、永登县（庄浪满城）。根据书中给出的"满城"定义，在21处清代直省驻防城中认定"满城"数量为14处。

图1-1为21处清代直省驻防城分布示意图，此图是以谭其骧先生主编的《中国历史地图集》中清时期全图（二）为依据，在相应的19座依附城市位置上用黑色圆圈标出了21处清代直省驻防城的位置。

清 时 期 全 图（二）

图 1-1　21 处清代直省驻防城分布示意图

第二节 清代直省驻防城建立的意义

清代驻防城是八旗驻防制度的重要载体。自清军入关以来，清廷就采取"旗民分治"的民族隔离政策，其目的既是为避免满人"沾染汉俗"，保持满族"国语骑射"的固国之本，当然也是从安全角度来维护少数民族掌控中原政权所采取的万全之策，可以说建立清代驻防城就是清廷实施"旗民分治"政策的重要手段。清廷每设置一处驻防城，或筑城垣，或修界址，将八旗兵丁与以汉人为主的当地居民严格分开，这样既便于驻防管理，也达到了"旗民分治"目的。

图1-2为《湖广图经志书——日本藏罕见中国地方志丛书》中载有的一副明嘉靖年间江陵县图，记录了明嘉靖年间的荆州城市布局状况，图1-3为清光绪六年（1880）由倪文蔚等修《荆州府志》中的荆州府城图，通过明清时期的两图对比可以看出，设立荆州满城后，原有江陵县城被分为两部分，城内东部为"满城"，西部为"汉城"，满城与汉城之间筑界墙以便于实施"旗民分治"政策，从此图上可看出荆州满城建在城东后，让很多城市功能区向城西转移，城西的建筑密度明显大于城东。

一、维护政权稳定

"弹压地方、节制绿营"是清廷设置直省驻防城的意义[3]，其最

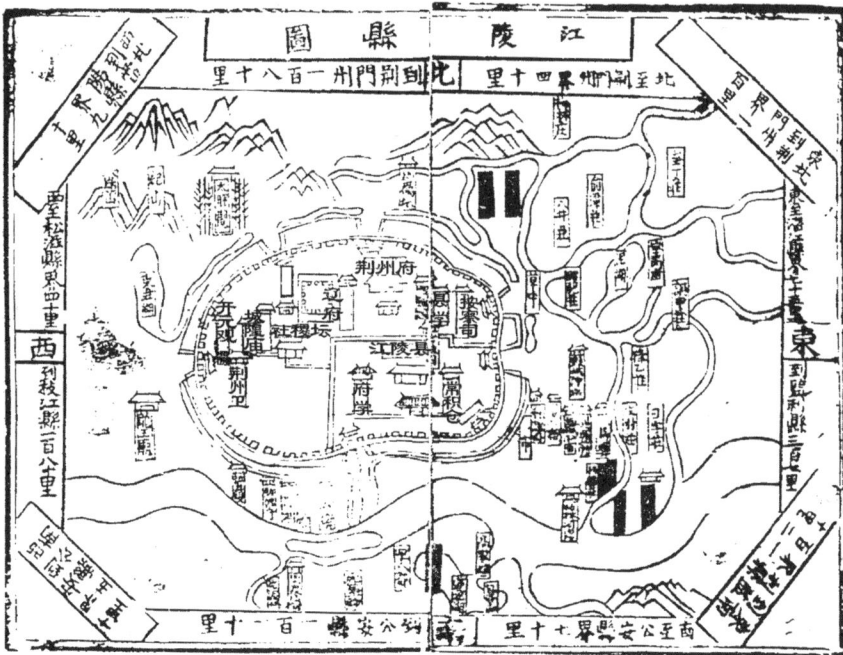

图 1-2 明嘉靖年间江陵县图

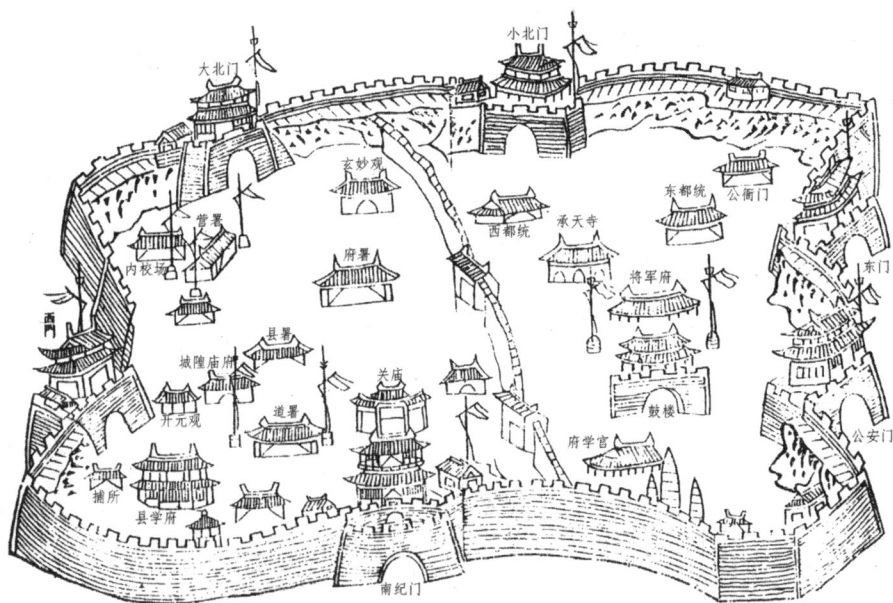

图 1-3　1880 年荆州府城图

终目的就是维护清廷的政权稳定。自清顺治元年（1644）清军入关及至取得国家政权的过程中，为了稳定战局、维持统治，清廷除设置大量的禁旅八旗戍卫京师（北京）外[4]，还抽调一定数量的八旗兵丁到全国各行省重要城市和军事要地进行驻防，形成了依"长江、黄河、长城、运河、东南沿海"五条脉络为一体的直省八旗驻防[5]。维护清廷统治是设置直省驻防城的目的所在，而清代的异族统治让其统治时期的政治环境更加复杂，除了要考虑统治阶级与被统治阶级之间的对立，还存在着满族与以汉族为主的其他民族之间的矛盾，由于对以汉族为主的其他民族官僚阶层、绿营戍卫的不信任，导致在各行省主要城市设置驻防城，用来威慑与监视地方政府及军队，以确保其政权的稳定。

二、应对战事需要

战事的需要也是清代直省驻防城存在的重要意义，与幅员辽阔的疆土相比，满洲八旗兵丁的数量实在有限，尽管组建并吸纳了蒙古八旗和汉军八旗，但如何在战争中有效地发挥八旗兵丁的战斗力，一直是清廷所面对的问题。在争夺政权的过程中，清廷逐渐意识到在适当位置建立驻防城，便于就近派遣兵员、筹措粮饷，进而快速投入战斗，掌控战争先机，以确保战争的胜利，故此随战事需要择地建驻防城的作战方式被反复运用。如为了追击明末起义军，经略西北，清廷在攻下西安后在原有明代城区的东北隅建立了西安满城；为了剿灭南明势力，在攻下南京后在原明南京皇城一带建立江宁满城；为对付入侵的漠西蒙古准噶尔部，在长城沿线先后建立右卫驻防城及绥远满城[6]；清代直省驻防城的出现就是伴随着清廷争夺国家政权、平息地方叛乱以及抵御漠西蒙古准噶尔部入侵而逐渐建立起来的。清代直省驻防城与战事需要的对应关系还体现在各地直省驻防城兵员的动态调整，清廷根据各地战事的需要，通过在各直省驻防城之间进行兵员的频繁调动，从而最大限度地发挥八旗兵丁的军事作用。

第三节　清代直省驻防城的兴建历程

　　清代直省驻防城是伴随着直省八旗驻防的逐渐完善而建立的，直省八旗驻防的形成可以概括地归结为草创阶段、确立阶段、完善阶段，清代直省驻防城也就根据直省八旗驻防每一阶段的实际需求择址而建[7]。这里需要说明的是：有些依附城市在直省驻防城正式建立之前，就已经有八旗兵丁在依附城市内外进行临时驻防，只是由于驻防的不稳定性而未修筑供八旗兵丁长期居住的驻防营地，因此，本书中给定的每一处直省驻防城建立的时间是以清廷明确设立永久驻防的时间为准，而不是以八旗兵丁进驻依附城市临时驻扎的时间算起。如清廷早在顺治二年（1645）就已于南京驻扎了八旗兵丁[8]，但正式建立江宁满城的时间则是顺治六年（1649）[9]；同样，为加强对江南地区的控制，清廷于顺治十二年（1655）在京口（镇江市）增设八旗驻防，当时八旗兵丁驻扎地点为镇江城外西北方向，但京口驻防城的正式建立时间则是顺治十六年（1659）[10]，驻防城的具体位置则是镇江城内西南部文昌、儒林、黄祐、怀德坊一带[11]。

　　图1-4为京口驻防城位置示意图，其中矩形黑框框住的范围是顺治十二年（1655）清廷在镇江临时驻防的大致位置，圆形黑圈框住的为顺治十六年（1659）在镇江设置的永久驻防城位置。

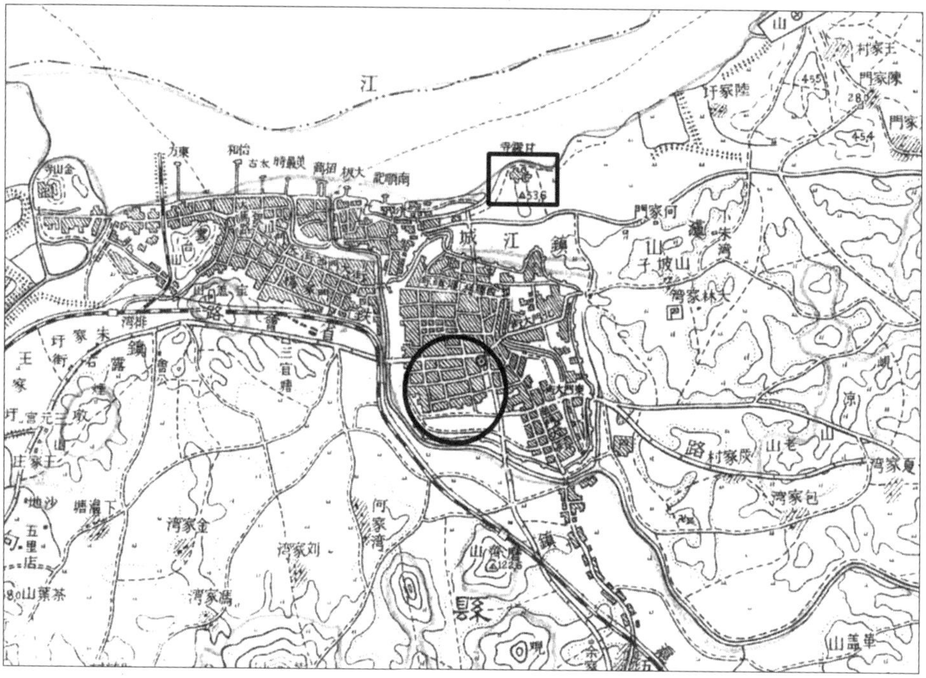

图 1-4 京口驻防城位置示意图

一、草创阶段建立的直省驻防城

清代直省八旗驻防的草创阶段基本上是从清顺治初年到平定三藩之前，直省八旗驻防草创阶段建立的驻防城有：西安满城（西安市）、杭州满城（杭州市）、江宁满城（南京市）、太原满城（太原市）、德州驻防城（德州市）、京口驻防城（镇江市）。

清初，八旗驻防的重点是畿辅（北京及周边），尽管清廷在各行省根据战事的需要开始设置驻防城，但由驻防城造成的民族关系紧张、巨额军费开销，让清廷不得不思考有无必要在全国范围内建立一套完整的直省八旗驻防。顺治年间，最早在畿辅之外建立的三处直省驻防城分别是西安满城、杭州满城及江宁满城，这三处驻防城所处之地均为重要的军事要冲，同时也是历代王朝建都之所，容易形成抗清中心，因此无论从战事需要上，还是出于政治上的考虑，建立直省驻防城都十分必要。西安作为维系西北乃至全国安危的军政要地，是与农民起义军争夺政权的重要战场，同时也是清廷的驻防兵源供给及中转之地，因此在此建立西安满城无疑对平定西北乃至获取国家政权都起到了重要的作用[12]。

图1-5为清光绪十九年（1893）绘制的陕西省城图，从图中可以清楚地看出西安满城位于省城的东北隅，"满城"与"汉城"之间的界墙仍清晰可见，图中由大的矩形黑框圈住的部分为顺治六年（1649）设置的西安满城范围，小的矩形黑框圈住的部分为康熙二十二年（1683）增设的汉军八旗驻防位置。

杭州地处钱塘江下游和京杭大运河的南端，不仅是重要的军事重地，更是东南地区重要的商业中心和南北经济文化交流的枢纽，通过控制杭州，以保障江南的粮饷顺利运往京师，因此清廷在此修建杭州满城以保卫江南这一经济动脉。南京（江宁）地处江南水陆要冲，不仅依托长江向西去往安徽、江西、两湖甚至四川，向东可沿江出海，更重要的是它拥有陆路北上最便捷的通道，极具军事优势；在政治上，南京为中国南方的政治中心，不仅明初定都于此，明崇祯十七年（1644）李自成破北京，崇祯帝自缢后，以福王为中心的南明弘光政权也在此建立，成为抗清势力的重要据点，故清廷

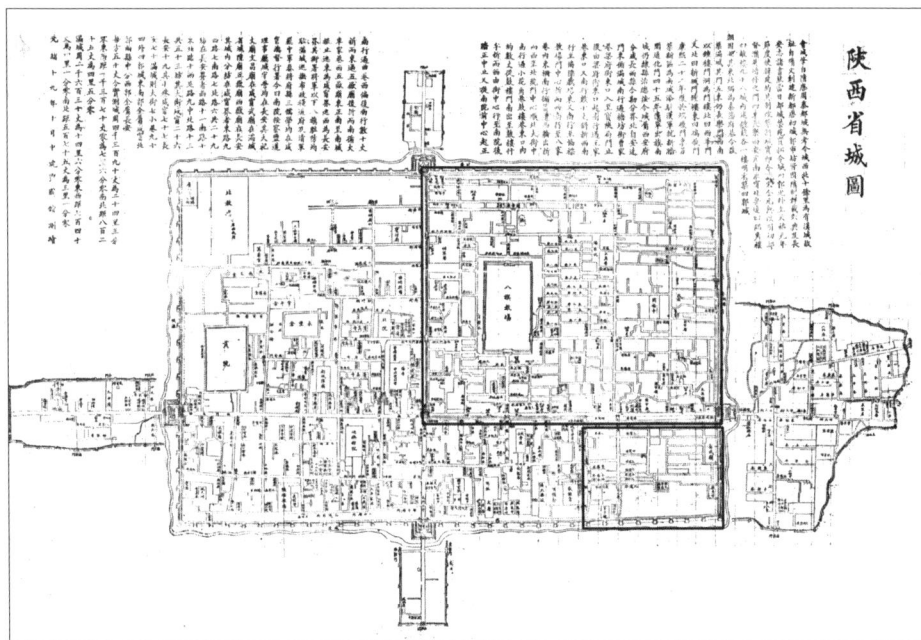

图 1-5　1893 年陕西省城图

攻下南京后，迅速在此兴建了江宁满城，以便于掌控江南地区。

　　图1-6为清光绪十年（1884）扬州淮南书局刊印的陈文述《秣陵集》中的国朝省城图，图中在南京地图上明皇宫西侧标出了"满城"的位置，并根据图上标注的"将军府"可知，江宁满城的将军衙署位于整个满城的北部。

　　太原满城及德州驻防城也是拱卫京师（北京）的外围控制节点，有时也被归为畿辅驻防，太原位于京师西南，东依太行、西临汾河，地处陕西、河南交通之衢，"天下之肩背"之势使其成为护佑京师的重要节点，故清廷于顺治六年（1649）在此兴建太原满城屯兵驻防[13]，后至光绪十二年（1886），汾水泛滥，太原满城被淹，光绪十三年（1887）年又在太原府城东南重建"太原新满城"。德州位于京师东南，为山东、江南、浙江等省来往交通枢纽，扼运河、黄河咽喉，是清初抗清势力集中之地，清廷如能控制德州，则挥师南下势如破竹，故此德州很早就已设立临时驻防，并最终于清顺治十一年（1654）建立德州驻防城，成为掌控"京师左臂"的驻防节点[14]。另外，清顺治九年（1652）郑成功攻破京口（镇江），于此遥祭明孝陵，让清廷意识到江南水路军事布防的薄弱，以及京口这一位置的重要性，遂于顺治十二年（1655），命都统石廷柱挂镇海大将军印，统率八旗兵丁驻防京口，并于顺治十六年（1659）正式建立京口驻防城，增设立京口驻防[15]，使之同江宁满城一起掌控长江一线。

二、确立阶段建立的直省驻防城

　　清代直省八旗驻防的确立阶段是从平定三藩后到长城沿线西北驻防的建立这段时间，直省八旗驻防确立阶段建立的驻防城有：福州驻防城、广州驻防城、荆州满城、右卫驻防城、归化驻防城、开封满城、成都满城、宁夏满城、潼关满城。

　　清康熙二十年（1681）三藩平定，三藩之乱让清廷深刻意识到只有八旗劲旅才可以依赖，从而痛下决心确立了在全国范围内设立直省八旗驻防的军政战略[16]。平定三藩后清廷在军事战略上的

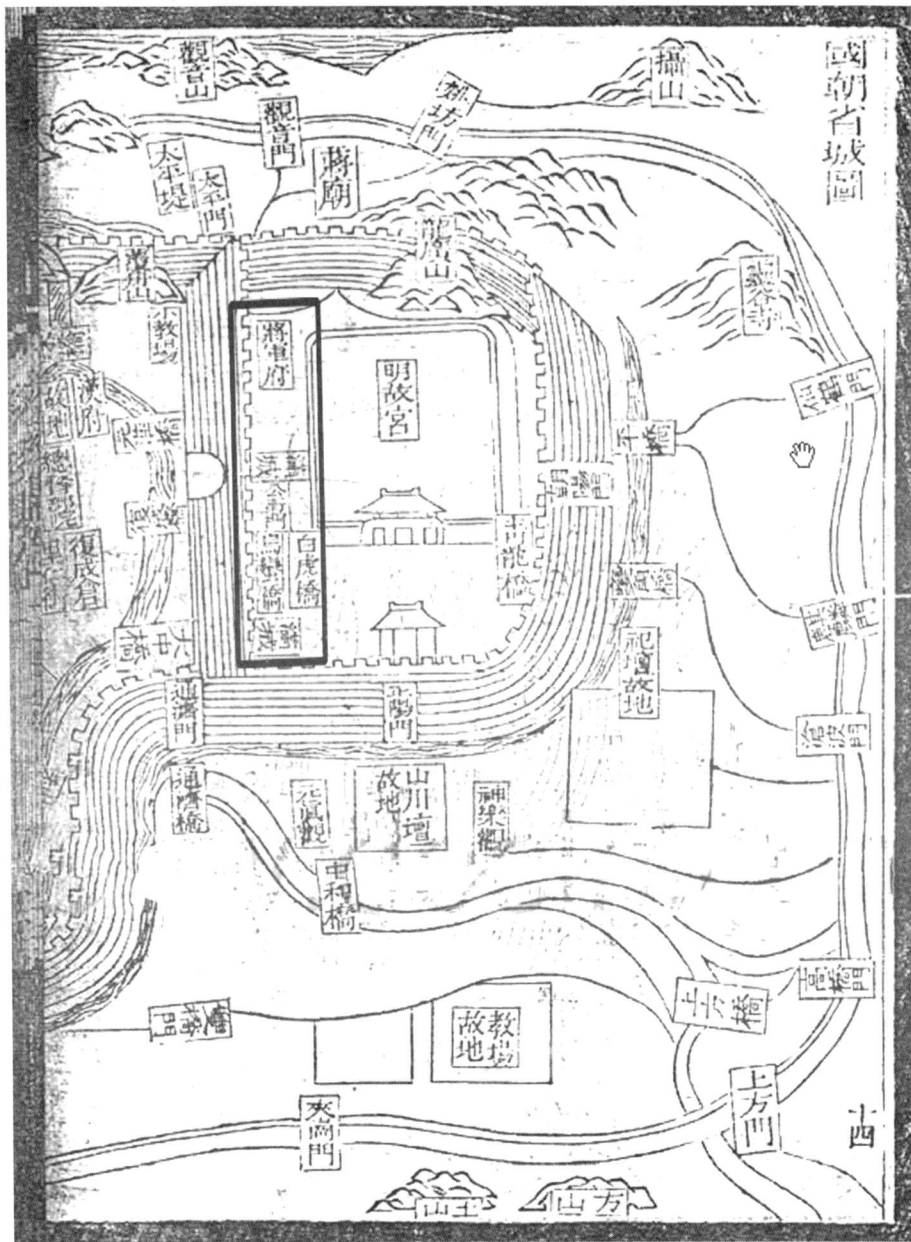

图 1-6　1884 年国朝省城图

调整就是将驻防重点从畿辅转向了直省。福州设立驻防最早可追溯到清顺治十三年（1656），顺治年间派八旗兵丁驻守福州，主要是为当时的战事需要，战事结束后驻防随即撤销，福州为三藩中耿氏家族的属地，三藩设立后一直是清廷稳固其统治的隐患，康熙十二年（1673）吴三桂发起叛乱，驻守福建的耿精忠也于康熙十三年（1674）举旗反清，长达八年的三藩之乱平定后，清廷对三藩的原驻地做了细致的统筹规划，并于康熙十九年（1680）正式设立福州驻防城，以维持当地的统治[17]。广州为三藩中尚氏家族的属地，吴三桂发动叛乱时，平南王尚可喜之子尚之信从叛，康熙二十年（1681）尚之信投降后，清廷于同年建立了广州驻防城[18]。荆州位于湖北中南部，地处江汉平原腹地，是滇、黔、巴、蜀往来必经之地，为兵家必争之地，"三藩之乱"时清军与藩军以荆州为界，隔江对峙，清廷在平定三藩过程中，深刻地意识到荆州重要的战略位置，遂于康熙二十二年（1683）在此设置荆州满城[19]。

　　图1-7为清同治三年（1864）的福州省会城市全图，此图为官府委托陈文鸣刻坊刻在福州署鼓楼前的福州市地图。福州驻防城占地范围东至东门、洋尾街，包括整个东湖，北从汤门温泉路、秘书巷向南延展到水部门古仙桥河沿，包括河东街、河西街（五一路的一段）、大根路几条街道；驻防城内建有衙署、营房、仓储、庙宇等设施，将军衙署位于今东大路省立医院所在地，图中不规则黑框圈住的范围即为福州驻防城的全部。图1-8为1890年的广州省城图，广州驻防城位于城西，由黑粗线框住的范围是八旗兵丁驻防之地，由于未建界墙，因此在"大北门"至"归德门"一线采用设置"堆拔"将驻防城与汉城隔离开来。

　　随着漠西蒙古准噶尔部的入侵以及沙俄带给西北区域的威胁，清廷的军事布防重点逐渐从东南沿海转向西北边陲。康熙中期，漠西蒙古准噶尔部在其首领噶尔丹的统领下，不断东进南下，侵占喀尔喀，进逼北京城，杀虎口外蒙古地区遂成为清廷抗击准噶尔部的前沿阵地。康熙二十九年（1690），清准双方在内蒙古克什克腾旗境内爆发了"乌兰布通之战"，噶尔丹战败北退，但其贼心不死，清廷为了加强对漠西准噶尔部的防范，以及向西北进军，于康熙三十二

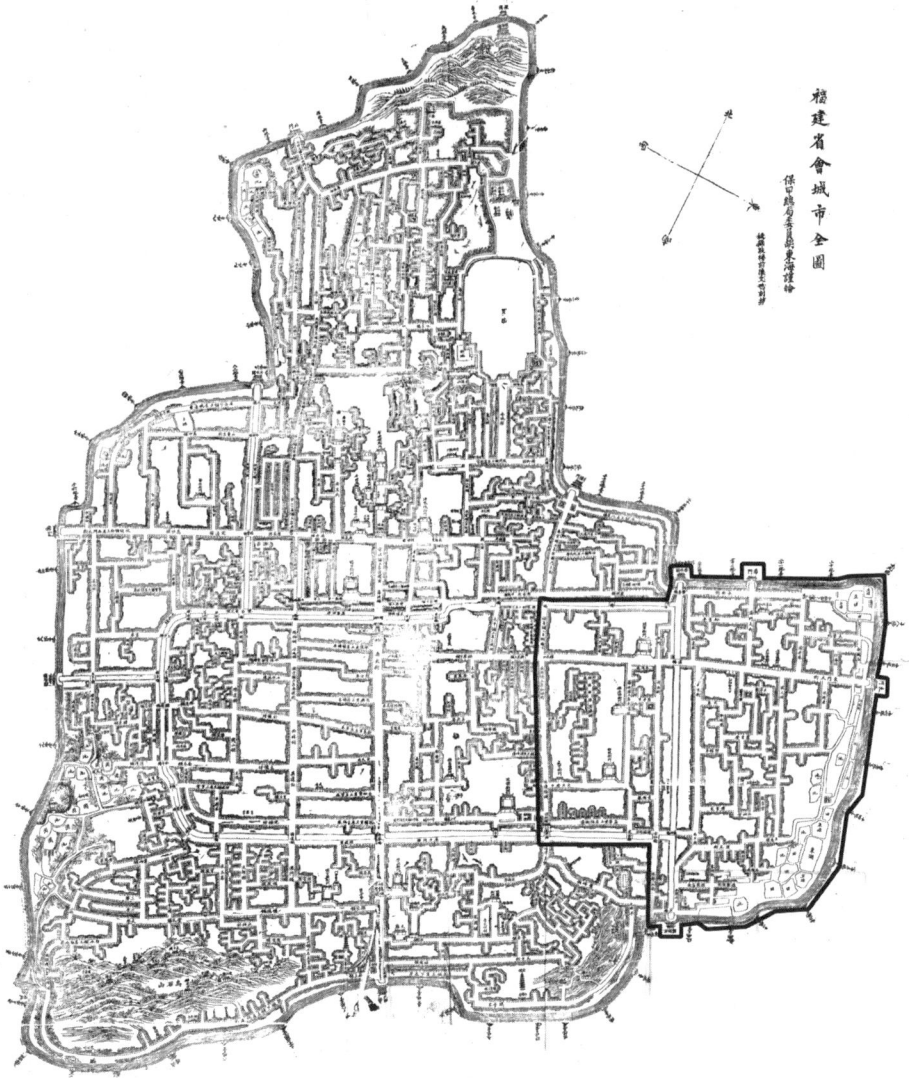

图 1-7　1864 年福州省会城市全图

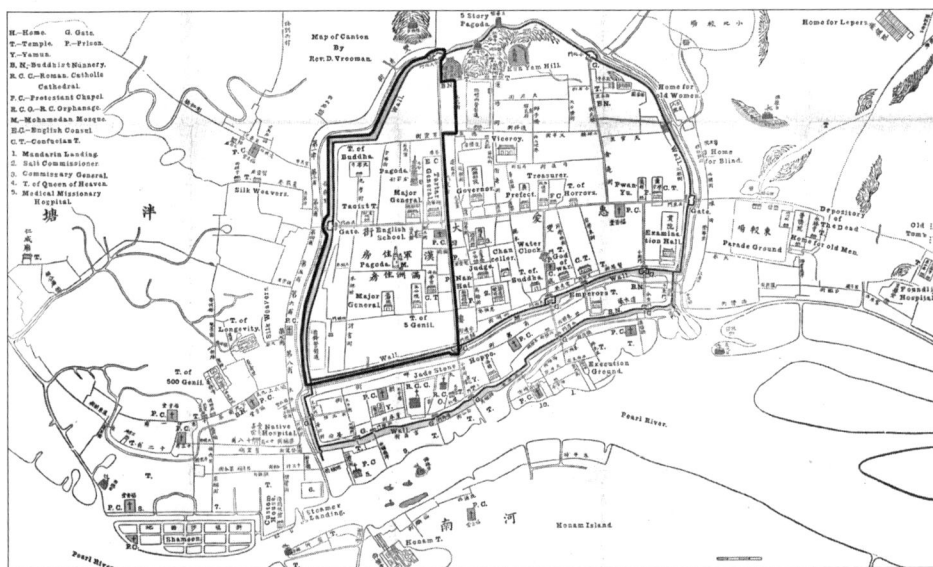

图 1-8　1890 年广州省城图

年（1693）在长城沿线设立了右卫驻防城[20]。右卫驻防城位于今右玉县境内，同年清廷又设置归化驻防城[21]，驻防城址位于今呼和浩特市旧城区，这两处驻防城皆是为了应对漠西蒙古准噶尔部的战事而建立。清康熙五十六年（1717），漠西准噶尔部入侵西藏，清军由四川、青海、巴里坤三路围攻准噶尔部，为配合对准噶尔部的作战，曾派荆州八旗入川，平定准噶尔部后，留下部分荆州八旗在成都驻防，在此次战役中清廷意识到掌控四川是加强对西藏控制的重要手段，因此于康熙五十八年（1719）正式建立了成都满城[22]。

图 1-9 为《成都城坊古迹考》书中绘制的康熙六十一年（1722）成都府城图，从图中可以看到成都满城位于成都府城西部偏南，成都满城西面依托成都府城原有城墙，东、南、北三个方向筑有界墙与城内居民隔离。

康熙年间除了围绕西北边疆战事设立八旗驻防外，在地接六省、向来为都城的开封也设立了八旗驻防，以掌控中原腹地上的重要节点，开封北控燕赵，南通江淮，自古为冲要之地，早在顺治元年（1644）九月，清军击退农民军占领河南后，即于开封设置临时驻防，以配合进攻南明的军事行动，开封又为历代建都之地，其地位也足以与京师抗衡，因此对其进行掌控，不仅是出于军事需要，而且更是在政治上避免此地成为抗清据点，故于康熙五十八年（1719）正式驻防八旗兵丁，兴建开封满城[23]。

图 1-10 为清光绪二十四年（1898）的祥符县城图（即开封市区图），从图中可以看到开封满城设在开封城北，南面紧靠龙亭。

在正式建立宁夏满城之前，八旗兵丁曾六次进驻宁夏，但均属临时驻防，而在宁夏正式设立驻防的直接原因则是青海蒙古和硕特部罗布藏丹津的叛乱，此次战役凸显了宁夏地区的重要位置，清廷遂于雍正二年（1724）在宁夏府城东北五里修建宁夏满城[24]，至乾隆三年（1738）宁夏地区发生强烈地震，宁夏满城被震毁，后于乾隆四年（1739）又在宁夏府城以西十五里建立了宁夏新满城。

图 1-11 为清嘉庆三年（1798）《宁夏府志》中的宁夏府城图，从图中可以看到宁夏新满城是独立兴建的驻防城，位于宁夏府城的西面。

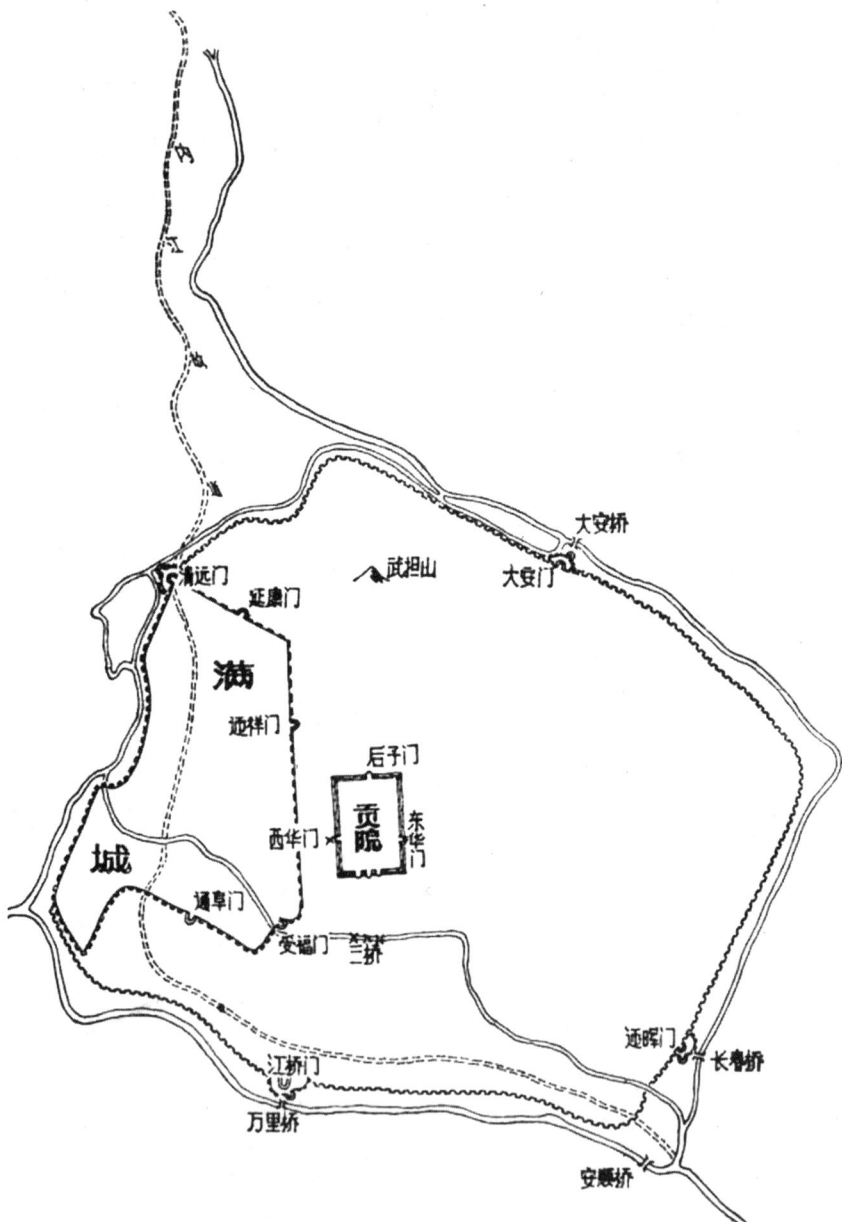

图 1-9　1722 年成都府城图

图 1-10　1898 年祥符县城图

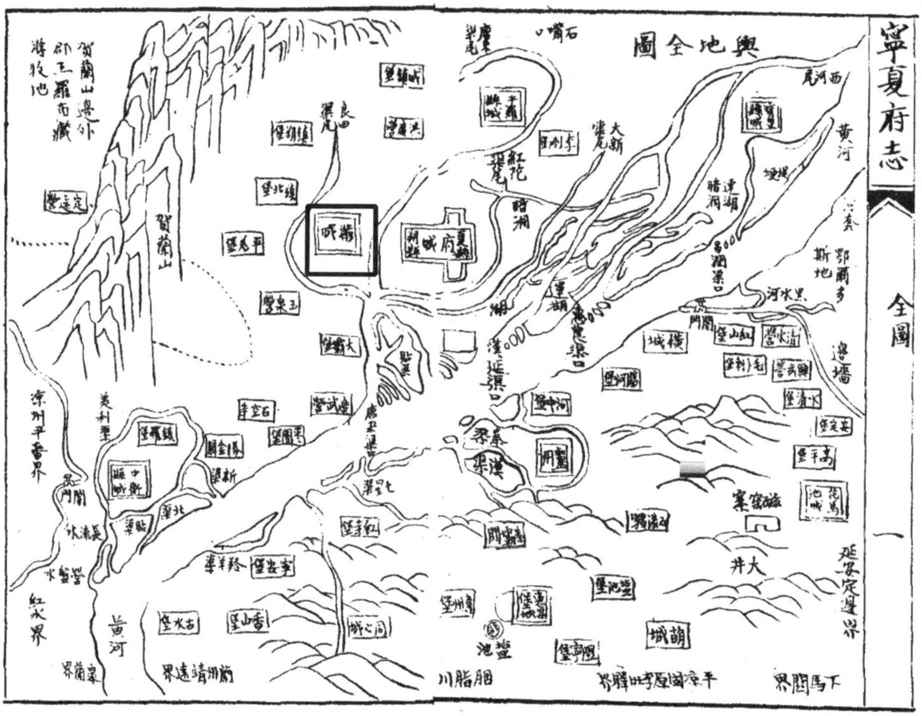

图 1-11　1798 年宁夏府城图

潼关自古地理位置险要，作为陕西的东大门，是连接西北、华北、中原的咽喉要道，清雍正五年（1727）清廷在潼关城西建立潼关满城[25]，至此由开封满城、宁夏满城、潼关满城共同掌控黄河沿线的军事防线得以形成。

三、完善阶段建立的直省驻防城

清代直省八旗驻防的完善阶段基本是从水师驻防城的出现到长城西北沿线驻防框架的形成，跨越了清雍正、乾隆两个朝代，建立的直省驻防城有：福州琴江水师驻防城、乍浦满城、青州满城、绥远满城、凉州满城、庄浪满城。

清雍正与乾隆年间兴建的各驻防城，尽管原因各异，但是为战事需要完善已有的驻防路线，以及解决旗人生计问题是此期间建立驻防城的两条并行主线，这从驻防城内派驻的八旗兵丁都是满族兵丁即可窥一斑，解决旗人生计是雍正、乾隆年间增设直省驻防城的重要因素。清军入关至康熙末期，天下承平日久，旗人生齿日繁，旗人生计已经出现了问题[26]，如何解决这一问题在雍正年间已成为影响社会稳定的大事，而通过汉军出旗让更多满人披甲、添设水师驻防兵种、增加直省驻防点都是清廷用来解决旗人生计的方法。清朝在获取统一政权的过程中，东南沿海是抗清势力最为活跃的地区，除南明隆武政权设在福州外，以水师著称的郑成功部也经常沿江而上危及清廷统治，经历了三藩之乱后，清廷对镇守东南沿海的绿营戒备更深，因此急需建立起一支嫡系水师以利于海战，而在八旗军中，水师是最弱的兵种，雍正登基后，就多次谕旨整治水师，于是雍正六年（1728）福州琴江水师驻防城应运而生[27]，当然，福州琴江水师驻防城的建立也是为了增加兵额，解决旗人生计的具体手段。清雍正六年（1728）清廷在嘉兴府平湖县建立乍浦满城驻扎水师[28]，选址于此，除了因为"乍浦为浙江之藩篱，而亦江苏吴淞之保障"，也是因为乍浦离杭州近，容易补充给养和军需物资，亦可与杭州驻防配合作战，防御外敌入侵。雍正八年（1730）建立的青州满城基本上就是为了解决旗人生计而设置的[29]，自满清入关至雍正

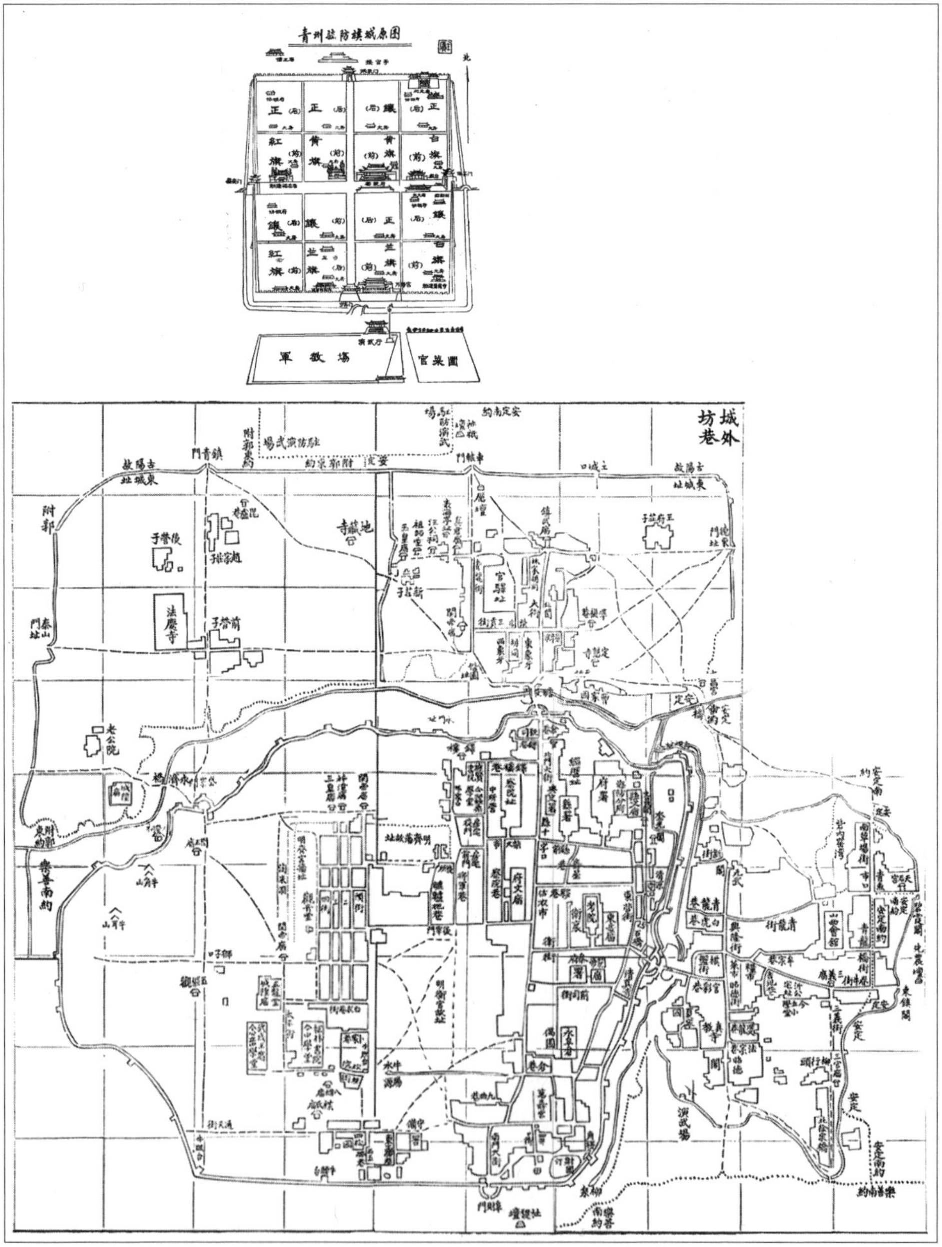

图 1-12　青州满城位置示意图

年间，旗人滋生甚繁，京中存在大量八旗闲散子弟，兴建驻防城就会增添兵额，因此青州驻防城的兴建主要是清廷为解决旗人生计问题而设置，当然青州满城的存在对加强华北地区、北部海疆的驻防实力也起到了重要作用。

图1-12青州满城位置示意图，是依据清光绪十七年（1891）《益都县图志》中的"益都城图"和《益都县文史资料选辑第一辑》内附录的"青州驻防旗城图"拼接而成，并通过截取百度地图上青州市区现状图，按比例将青州满城置入原建城址，以直观显示青州满城与古东阳城之间的位置关系。

乾隆二年（1737）建立的绥远满城、凉州满城、庄浪满城都与西北的战事有关，同时也都存在着解决旗人生计的用意，绥远满城修建的主要目的是为防范漠西蒙古准噶尔部及沙俄的入侵、控制漠北蒙古诸部，同时也是为了安置闲散旗丁[30]；凉州满城、庄浪满城的建立与之前在西北地区几次大的征讨和平叛密切相关，雍正元年（1723）蒙古和硕特部罗卜藏丹津率众起兵叛乱，公然对抗清朝中央政府，期间准噶尔部策妄阿拉布坦也在新疆公开支持罗卜藏丹津的叛乱活动，雍正皇帝在得知诸多叛乱后立即委派年羹尧率军进入青海平乱，一年后将罗卜藏丹津叛军围歼。清廷统治者通过数次平叛意识到：西北地区的叛乱与不派兵驻守西北地区各战略要冲有很大关系[31]，因此为了加强对西北地区的有效控制，决定在凉州（今武威市）、庄浪（今永登县）西北战略要地兴建驻防城，事实上清廷早在雍正十三年（1735）就已在凉州和庄浪两地屯兵设防，只是在乾隆二年（1737）才正式建立起凉州满城和庄浪满城[32]。

图1-13为凉州满城位置示意图，此图是采用百度地图上截取的武威市区航拍图制作而成，从图右可以清楚看到凉州满城位于武威市的东北部，城墙轮廓完整；图左展示了凉州满城的内部空间布局，由两条东西、南北主干道交叉而成的十字形空间划分清晰可见，东西城门处的瓮城结构仍然保留，但满城内部的原有建筑设施已经完全改变。

图 1-13　凉州满城位置示意图

清代直省驻防城建立时间表

直省驻防城	依附城市	建立时间	布局类型	城垣规模
西安满城	陕西省西安市	清顺治二年（1645）	依附城市之内，筑有界墙	城周约合 9 里
杭州满城	浙江省杭州市	清顺治五年（1648）	依附城市之内，筑有界墙	城周约合 7 里
江宁满城	江苏省南京市	清顺治六年（1649）	依附城市之内，筑有界墙	城周约合 18.96 里
太原满城（先后建了新旧两座满城）	山西省太原市	老满城建于清顺治六年（1649）；新满城为光绪十三年（1887）	依附城市之内，筑有界墙	旧满城城周约合 4.68 里；新满城约合 2.18 里
德州驻防城	山东省德州市	清顺治十一年（1654）	依附城市之内，未修筑界墙	城垣规模尚待考证
京口驻防城	江苏省镇江市	清顺治十六年（1659）	依附城市之内，未修筑界墙	城周约合 4 里 340 步
福州驻防城	福建省福州市	清康熙十九年（1680）	依附城市之内，未修筑界墙	城周约合 2.3 里
广州驻防城	广东省广州市	清康熙二十年（1681）	依附城市之内，未修筑界墙	城垣规模尚待考证
荆州满城	湖北省荆州市	清康熙二十二年（1683）	依附城市之内，筑有界墙	城周约合 6.99 里
右卫驻防城	山西省右玉县	清康熙三十二年（1693）	依附城市之内外，未修筑界墙	城垣规模尚待考证
归化驻防城	内蒙古自治区呼和浩特市	清康熙三十二年（1693）	依附城市之内，未修筑界墙	城垣规模尚待考证

续表

直省驻防城	依附城市	建立时间	布局类型	城垣规模
开封满城	河南省开封市	清康熙五十八年（1719）	依附城市之内，筑有界墙	城周约合 6 里
成都满城	四川省成都市	清康熙五十八年（1719）	依附城市之内，筑有界墙	城周约合 4.5 里
宁夏满城（先后建了新旧两座满城）	宁夏回族自治区银川市	老满城建于清雍正二年（1724）；新满城为乾隆五年（1740）	依附城市外围，独立驻防城	老满城城周约合 6.3 里；新满城约合 7.5 里
潼关满城	山西省潼关县	清雍正五年（1727）	依附城市外围，独立驻防城	城周约合 2.73 里
福州琴江水师驻防城	福建省长乐市	清雍正六年（1728）	依附城市之内，筑有界墙	城周约合 2.3 里
乍浦满城	浙江省平湖县乍浦镇	清雍正六年（1728）	依附城市之内，筑有界墙	城周约合 2.2 里
青州满城	山东省青州市	清雍正八年（1730）	依附城市外围，独立驻防城	城周约合 5.56 里
绥远满城	内蒙古自治区呼和浩特市	清乾隆二年（1737）	依附城市外围，独立驻防城	城周约合 9 里
凉州满城	甘肃省武威市	清乾隆二年（1737）	依附城市外围，独立驻防城	城周约合 7.2 里
庄浪满城	甘肃省永登县	清乾隆二年（1737）	依附城市外围，独立驻防城	城周约合 4.4 里

第四节　清代直省驻防城的选址

一、清代直省驻防城区域选址的因素分析

清代直省八旗驻防主要依"长江、黄河、长城、运河、东南沿海"五条脉络进行布防，为充分发挥直省八旗驻防功效，达到"扼一地而控全区"的目的，清廷在这五条脉络上进行区域选址时注重军事、政治、经济因素，另外，一些突发事件作为特殊因素在一定程度上也影响了个别脉络上驻防城的区域选址。下面通过举例分析清代直省驻防城在区域选址时对军事、政治、经济因素的注重程度。

（一）军事因素

军事因素是决定清代直省驻防城区域选址的首要因素，将直省驻防城设置在水陆要冲，既可以扼守交通、掌控战争全局，也便于兵员调动、粮饷输送，这对于争夺政权、扩充领地来说有着重要意义。从设置直省驻防城时所依附城市（府城、县城）的选定即可看出，清代直省驻防城所依附的府城、县城基本都是历代战略要地，即便现在也仍然为全国重要城市。如长江沿线的直省驻防城所依附城市有：南京（江宁满城）、镇江（京口驻防城）、荆州（荆州满城）、成都（成都满城）；黄河沿线的直省驻防城所依附城市有：西

安（西安满城）、潼关（潼关满城）、开封（开封满城）、青州（青州满城）；长城沿线的直省驻防城所依附城市有：右玉县（右卫驻防城）、呼和浩特（归化驻防城与绥远满城）、银川（宁夏满城）、武威（凉州满城）、永登县（庄浪满城）；运河沿线的直省驻防城所依附城市有：德州（德州驻防城）、镇江（京口驻防城）、杭州（杭州满城）；东南沿海的直省驻防城所依附城市有：广州（广州驻防城）、福州（福州驻防城与福建琴江水师驻防城）、浙江嘉兴平湖县（乍浦满城）。需要说明的是：由于京口驻防城地处长江和运河的交汇处[33]，所以它既可划为长江驻防体系，也可作为运河驻防体系的一个重要节点；另太原满城、德州驻防城既可作为直省八旗驻防，也可归为畿辅八旗驻防的外围驻防点。

（二）政治因素

政治因素也是决定清代直省驻防城区域选址的重要因素，这从清初建立的西安满城、杭州满城、江宁满城三个案例可见一斑。将驻防城址设在西安、杭州、江宁，既是出于军事战略角度考虑，也是政治因素作用的结果，因为这三座依附城市均是历代王朝建都之所，容易形成抗清据点。顺治二年（1645）清廷攻占西安，当年即在西安明城内的东北隅营建驻防城，选择在西安设置驻防城，除了加强对这一西北军政要地的掌控之外，也向世人昭示着在此起家、以李自成为首的大顺王朝被彻底镇压。历六朝古都的江宁，向为江南的政治经济中心，明初一度为国都，后虽被降为陪都，但仍保有五府六部机构，明崇祯皇帝自缢后，江宁迅速拥立福王朱由崧建立了南明弘光政权，况且明孝陵也位于此，故此地的得失关系江南半壁江山，清廷正是看到江宁这一重要的政治优势，于顺治六年（1649）建立江宁满城。闽浙是东南各省抗清最为活跃的地区，杭州为南宋故都，潞王朱常淓曾监国于此，潞王投降后清军占领杭州，顺治五年（1648）清廷在杭州设立杭州满城，也正是看到了此地所暗含的政治因素。

（三）经济因素

清廷在设置直省驻防城时，除了从军事、政治角度考虑外，设置驻防地区是否富庶也是重点考虑因素，因为大量驻防八旗兵丁的存在除了需要消耗大量物资，如能占据物产富庶之地，也能确保获得重要税收与物资供给以维持其稳定统治。基于上述目的，分析清廷在杭州设立杭州满城，除了其在军事及政治上体现的优势之外，占据杭州以掌控江南经济重心，对保障清廷的赋税收入至关重要；清咸丰十年（1860）及十一年（1861）为保证天京（南京）的粮食供应和战略物资储备，太平军曾两次攻占杭州[34]，可进一步证实杭州在江南所处的重要经济地位。再如顺治十一年（1654）设置的德州驻防城，其所在地区为产粮区，且能有效掌控运河漕运，足以保证长期驻防的粮食供给[35]。同理，建于康熙二十年（1681）的广州驻防城，既是三藩平定后构筑全国性防御体系的需要，也是确保广州实施"一口通商"经济策略的保障。还有雍正六年（1728）设立的乍浦满城，之所以选在乍浦，不仅因其为军事海防要塞，更是看中入清以后乍浦港取代杭州港成为当时对外贸易的国际港口地位[36]，清廷在此设立水师驻防，就是从经济角度出发确保海内外贸易和远洋航线的畅通。

（四）突发事件

除了军事、政治、经济因素对清代直省驻防城的选址起着决定作用，一些突发事件也是影响驻防城选址的特殊因素，右卫驻防城的选址就是突发事件促成的范例。崛起于清康熙中叶的漠西蒙古准噶尔部，勾结沙俄企图控制蒙古诸部与清廷抗衡，清准双方经过"乌兰布通"之战后处于相持阶段。为预防漠西蒙古准噶尔部的再次入侵，清廷决定在长城沿线适于驻防和行军之地设立八旗驻防，并初步将驻防地点选在归化城（呼和浩特旧城区），但随后发生的漠西蒙古准噶尔部勾结漠南蒙古科尔沁部叛清等一系列事件，敦促清廷必须尽快在长城沿线设立驻防以加强对漠西蒙古准噶尔部的防御及漠南蒙古的控制。由于归化城的城池狭小，短期内又无法按原计划在此处建新城；而当时右卫留有便于驻防的明朝城塞，可暂为屯兵之用，故清廷于康熙三十二年（1693）将长城沿线的第一座驻防城设在了右卫[37]。从后期清廷的诸多行为可知，在右卫设驻防城实属不得已而为之，右卫地区土地贫瘠，根本不具备长期屯集重兵的条件[38]，另从乾隆二年（1737）右卫建威将军及大量八旗兵丁被移驻新建的绥远城（呼和浩特新城区），也可说明在右卫设置驻防城是特殊因素促成的临时决定。

图1-14为引自孙莱芙《典藏右玉》中的右玉旧城寺庙图，图中位于十字交叉路口西北隅，被矩形黑框框住的是将军衙署和右都统府；位于十字交叉路口东北隅，环形黑框圈住的是左都统府。

二、清代直省驻防城在其依附城市内外选址的遵从原则

清初，直省驻防城通常被设置在其所依附的府城、县城内部，这种设置驻防城方式的好处在于：可凭借依附城市原有基础设施快速安置八旗兵丁，使之迅速投入战斗，同时也可减少营建驻防城的经济投入，其弊端就是在府城、县城内圈地匡屋，会给当地官府及百姓日常生活带来极大的滋扰，但由于当时清廷正处在与各地武装争夺政权之际，战事的胜利是其重点关注的，至于是否给地方带来滋扰则不是他们考虑的主要问题。然而，伴随着获取全国政权概率的提升，清廷逐渐以一个统治者的身份出现在世人面前，缓和满汉民族之间的矛盾被提到了重要议事日程，除了采取重用汉人官吏、推行科举制度、以汉军治汉人等一系列政策，在直省驻防城建立过程中也有意识地减少对依附城市的滋扰，以期缓解民族矛盾。及至雍正年间社会承平日久、国库财力充裕，出现了将驻防城建在依附城市外围独立为城的模式。下面分别就在依附城市内部及外围建立驻防城的两种方式，来对清代直省驻防城选址所遵从的原则进行分析。

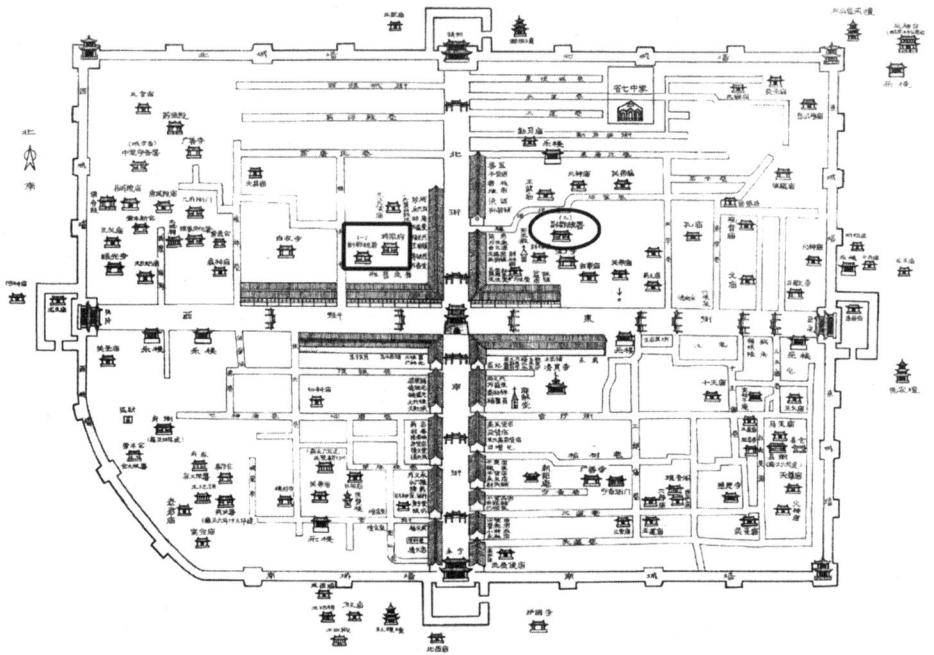

图 1-14　右玉旧城寺庙图

（一）位于依附城市内部的驻防城选址原则

清初设置的驻防城基本都位于其所依附的府城、县城内部，如顺治年间兴建的西安满城、杭州满城、江宁满城、京口驻防城、太原满城、德州驻防城；康熙年间兴建的福州驻防城、广州驻防城、荆州满城、右卫驻防城、归化驻防城、开封满城、成都满城；雍正年间兴建的乍浦满城。这些驻防城在其所依附城市内部具体位置的确定，虽说是诸多要素合力作用的结果，但通过对直省八旗驻防史料及实地调研分析，仍可归纳出清代直省驻防城在其所依附城市内部选址所遵从的共性原则。

1. 利于作战原则

"弹压地方、节制绿营"是直省八旗驻防的主要职责，因此注定了清代直省驻防城在选址时必须将军事战略需要放在首位，如何在战事中凭借地理优势，快速制敌；在战事不利之时，持险固守，这都是驻防城选址所应考虑的问题。因此，将直省驻防城建在城内地势高处、将主要城门囊括其中、尽可能依托周边的山形水系等具体选址的操作，都是在利于作战原则下进行的。如杭州满城，选址在靠近西湖中段的南至涌金门、北至钱塘门一带[39]，西依宽阔湖面，既便于防卫，又便于掌控水陆交通运输。又如江宁满城占据了地势险要的明皇城位置，可充分利用皇城四周原有的护城河持险固守。

图 1-15 为清乾隆二十七年（1762）绘制的《安澜园至杭州府行宫道里图说》中的杭州府城，府城西部介于涌金门和钱塘门之间筑有一处内城既是杭州满城，杭州满城紧邻西湖，将军衙署位于驻防城南隅。

2. 偏城一隅原则

利用直省驻防城将八旗兵丁与当地官民在空间上实现隔离，是清廷实行"旗民分治"民族隔离政策的重要手段之一。因此，不论将直

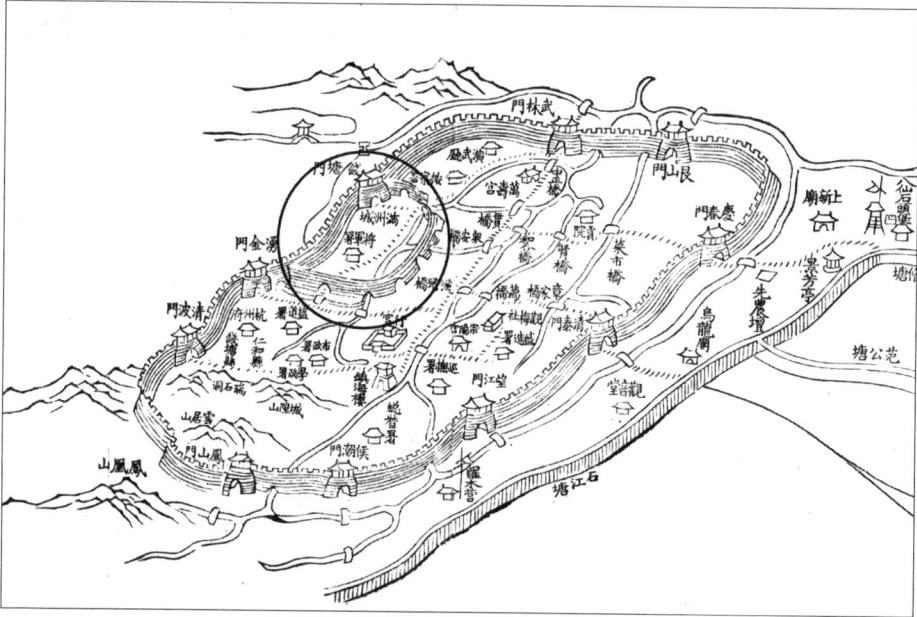

图 1-15　1762 年安澜园至杭州府行宫道里图

省驻防城建在府城还是县城，驻防城往往位于其所依附城市的一隅，借助府城、县城的原有城墙，既节省建城经费，也能加快建城速度；另外，偏城一隅的建城方法同样也利于八旗兵丁的攻杀战守。因此，在府城、县城内设置直省驻防城时，基本都遵从偏城一隅的原则，如西安满城建在明西安城的东北隅（今西安市北大街以东、东大街以北的城墙范围内，以及后增东仓门以东、东大街以南城墙范围内）；顺治六年（1649）建立的太原老满城位于太原府的西南隅（今太原市迎泽大街北、以旧城街为轴的南北地块）；康熙二十二年（1683）荆州满城设在荆州府城的东部（今荆州市大致为拥军路以东的城墙范围内）；康熙五十八年（1719）建立的成都满城，也是选择了在成都府城垣西隅修建的军营（今成都市东城根街以西、上下同仁路以东、君平街以北、西大街以南的范围）；雍正六年（1728）设立的乍浦满城建在了嘉兴平湖县乍浦镇的东北隅（今嘉兴平湖市的天妃路以东，东城河以西，北城河以南，东大街以北）。

　　图1-16为清乾隆十年（1745）《平湖县志》中的乍浦城内图，可以看到乍浦满城位于乍浦城内东北隅，东面与北面依托乍浦城原有城墙，西面和南面筑有界墙。

3. 取水防患原则

　　既能方便取水，又能避开洪涝水患，这也是清代直省驻防城选址的重要原则。直省驻防城作为八旗兵丁长期聚集之地，靠近水源对于日常生活中的取水尤为重要，然而，如何减少洪涝灾害对直省驻防城的损害，也是考验选址成功与否的依据。以太原老满城为例，建城之初将太原老满城基址定在太原府城的西南隅，是因此处有"南海子"，便于取水；但由于忽略了西南隅地势低洼且西临汾河水，以至于光绪十二年（1886）汾河决堤，太原老满城被淹，只得在远离汾河的府城东南隅位置重建[40]。另外，位于长江北岸的荆州府城，常年受水患滋扰，清廷在建立荆州满城时，将基址选在地势较高的荆州府城东部，从而让荆州满城在乾隆五十三年（1788）的大水灾中相比荆州城西的损失较少[41]。

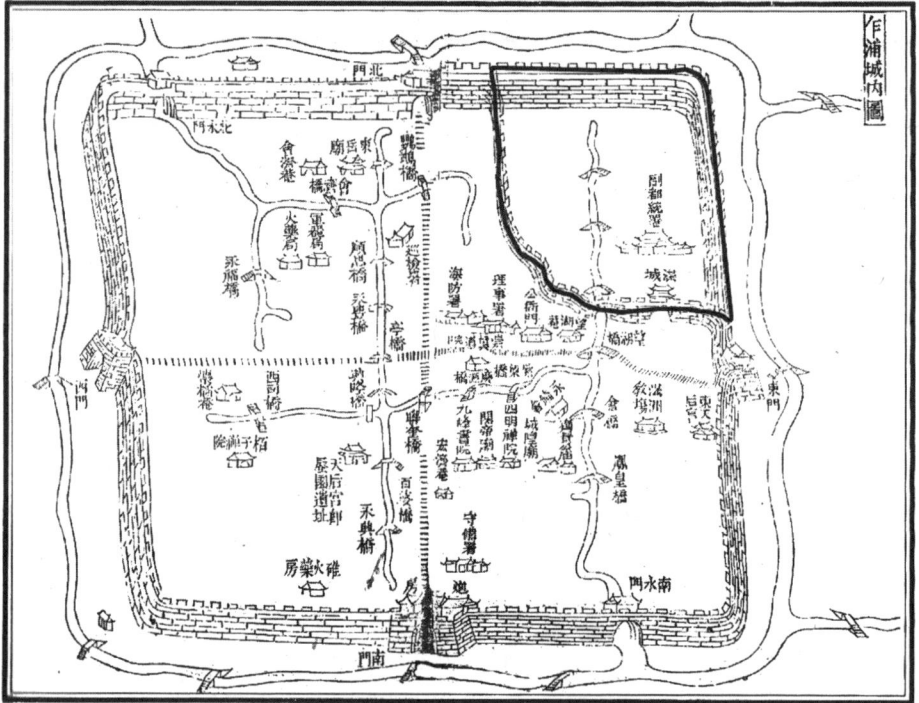

图 1-16　1745 年乍浦城内图

图 1-17 为清光绪五年（1879）的《山西省城街道暨附近坛庙村庄图》，从图上可以看到，位于城市西南隅用矩形框住、标有"满洲城"的地方就是建于顺治六年（1649）的"太原老满城"，而城市东南隅用椭圆形框住的地方为后来重建的"太原新满城"。

4. 依托建筑原则

清代直省驻防城在选址时，除了考虑利于作战、偏城一隅、取水防患外，还特别注重将府城、县城内原有大型建筑院落囊括其中，这是因为直省驻防城内除需建有大量的低矮营房供驻防的八旗兵丁居住外，还要依据驻防城的级别设置大型军政建筑以利于行使军政职能。如能将依附城市内原有大型建筑院落圈入驻防城之内，就可方便地将其改为将军衙署、都统府等宅院供日后商讨军政事务使用，故府城、县城内大型建筑院落的位置也是清代直省驻防城划定基址范围所需考虑的原则之一，必须予以重视。如西安满城建立时，就将西安明城内的秦王府囊括其中；广州驻防城也将靖南王府等大型建筑划入其驻防城的内部。

5. 紧邻官署原则

既然"弹压地方、节制绿营"是直省八旗驻防的主要责任，那么清代直省驻防城选址时自然会将是否有利于监督地方官吏作为其选址的考虑因素之一。将直省驻防城范围选定在接近地方官署所在位置，既便于直省八旗驻防将军、都统与地方官吏商讨军政事务、协商民事纠纷，也便于将军及都统们对地方官吏进行监督。这就不难理解杭州满城与杭州府署都位于西湖东岸，以涌金门为界，涌金门以南为府署所在地，涌金门以北就是驻防城内的将军署[42]；另外，广州驻防城的将军衙署与广州府署只隔一条大北直街（今解放北路），并且都位于惠爱街（今中山五路与中山六路一线）的北侧[43]；同样，建于雍正六年（1728）的福州驻防城，就把将军衙署及左右两翼副都统署建在了与福州巡抚署临街并置的位置[44]。

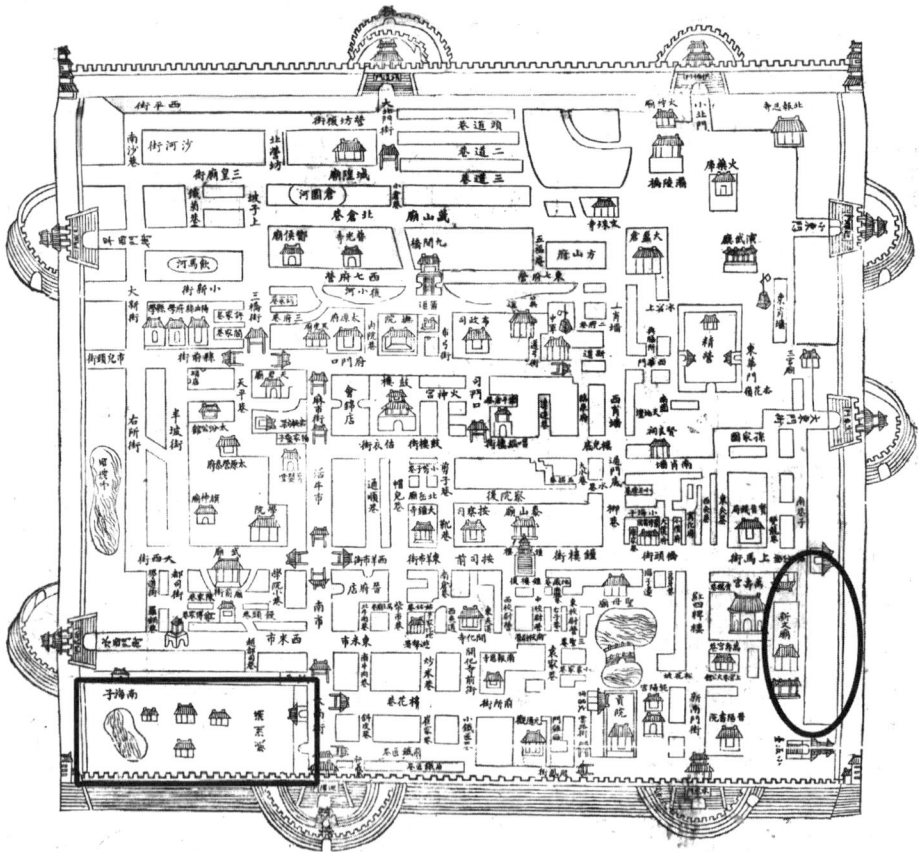

图 1-17　1879 年山西省城街道暨附近坛庙村庄图

图1-18为将军府与地方官署位置关系图，图中分别标注出了广州驻防城、杭州满城、福州驻防城的将军府、都统府与地方巡抚及府署的位置，可以看到直省驻防通常都紧邻地方官署。

6. 空旷之地原则

清初，各行省的八旗驻防往往采用圈地匡屋的方式营建驻防城，如顺治十六年（1659）建立的京口驻防城（今解放路以西，中山东路以南），是圈占城西南隅的文昌、儒林、黄佑、怀德等坊的居民房屋改为驻防营地的[45]；又如德州驻防城就是通过圈占城内东北隅东门里尉署街和石头牌坊（今新湖街道办事处所辖的勤奋街、进步街、小营胡同）一带的民房[46]，拨给驻防的八旗兵丁使用的。随着战事的平息，统治地位的逐渐确立，清廷也开始关注直省驻防城的兴建是否扰民，以缓和满汉民族关系这一问题，康熙后期的直省驻防城选址都尽可能放在其所依附的府城、县城内地广人稀之地。如右卫驻防城就是为减少对右卫城内官民的搬迁数量，而将部分八旗兵丁安排在了右卫城外（今右卫镇北草场、南草场、马营河、红旗口等地）；又如建于康熙五十八年（1719）的开封满城将其基址选在了开封府城西北隅的空旷之地（今龙亭区体育路附近），并利用巡抚、知府以上官员捐资和退赃银修建营房及各级衙署，从而减少了对当地官民的滋扰[47]；至于雍正朝以后采取在依附城市外围修建独立驻防城，都是按空旷之地原则选址的进一步延伸。

（二）依附城市外围的驻防城选址原则

随着国家政权稳定，社会承平日久，国库财力充裕，清廷能够更从容地规划直省驻防城空间，雍正以后设置的八旗驻防大多将驻防城选在依附城市外围独立建城，开启了新的直省驻防城兴建模式。雍正朝以后兴建的独立直省驻防城有宁夏满城、潼关满城、青州满城、绥远满城、凉州满城、庄浪满城，另外，福州琴江水师驻防城也可作为独立的直省驻防城看待。将直省驻防城建在依附城市之外，

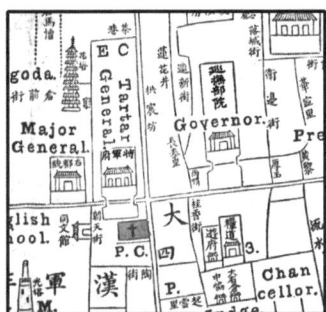

广州驻防城

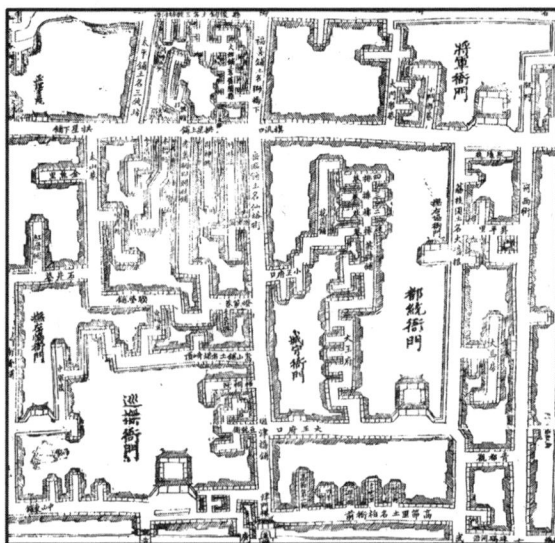

杭州驻防城

福州驻防城

图 1-18　将军府与地方官署位置关系图

尽管耗费财力，但这一建城模式的好处显而易见：首先，可以从军事战略角度出发，以最有利于战事角度选址，使驻防城与其依附城市互成掎角之势，共同发挥军事作用；其次，独立的直省驻防城由于自成体系，便于后期八旗兵丁的管理；再次，不占用依附城市内部的空间，减少了因建城带给地方官民的滋扰；还有，通过有目的的规划建城，可更大程度地解决因"生齿日繁"所带来的旗人生计问题。当然，在依附城市外围进行选址设置直省驻防城时，同样会遵从一些共性的选址原则。

1. 位于交通要道

独立的直省驻防城基址首选交通要道或关卡，这是由清代直省驻防城的军事功能所决定的。占据交通要道，既可与依附城市共同阻击来犯敌兵，也可在其依附城市发生叛乱时，切断其外援，掌控战事主动权。如宁夏的新旧满城都是建在宁夏府城外围的交通要道上：清雍正二年（1724）在宁夏府北五里兴建的宁夏老满城，其位于宁夏府向北去往平罗县的必经之路上；宁夏老满城由地震损毁后，乾隆五年（1740）复建的新满城位于宁夏府西去往镇北堡（现今的镇北影视城）、经宿嵬口通向贺兰山后的道路上[48]。建于雍正五年（1727）的潼关满城也是经过地方官员详细勘查地形而确定的位置，潼关自古就是战略要地，潼关满城选在了潼关城以西一里许，位于中原通往关中地区的要道。潼关满城以南为秦岭山脉，以北为黄河天险，以东重峦叠嶂，仅有狭长的小路通过。旧有的潼关城掌控着西北、华北、中原的交通要道，在此处进一步设置驻防城进行屯兵，明显是为了加强黄河沿线及关中地区的驻防实力。又如建于雍正六年（1728）的福州琴江水师驻防城，设在"闽江、乌龙江、马江"三江汇流之处，利用沿江之险与闽江中的圆山水寨、东北隔江的崇新城共同构筑成牢固的江防锁链，选址非常利于作战[49]。再如建于乾隆二年（1737）的庄浪满城，位于庄浪县城（甘肃永登县）东南约两公里处，虽然此地缺乏供应驻防八旗兵丁的粮草，但其地"首接金城（兰州），东应宁夏，西援西宁，北套凉甘"的战略位置，是成为西北地区用兵所需设定驻防城位置的首选。还有乾隆二年（1737）将凉州满城设在距凉州府城东北三里的位置，就是为了掌控沿北侧长城由东向西的交通要道。

图1-19是由周树青等纂修的民国抄本《永登县志》中的永登县城图，从图中可以清楚地看到庄浪满城位于永登县的东南约2公里处，南临黄河，北依乌鞘岭，交通古道通疆陇，达宁青，自古以来是兵家必争之地，是从内地通往河西走廊的重要节点。早在清康熙年间，庄浪满城尚未建造时，清廷对西北用兵就多次驻扎庄浪地区，如康熙五十八年（1719），清廷征讨策妄阿拉布坦的三路八旗兵丁就在庄浪地区会师；同时，清廷在对策妄阿拉布坦用兵之前，大量的军需物资如粮草、皮袍、皮帽也均在此储备，将庄浪地区作为会师地及军需供给处的安排绝不是偶然为之，而是庄浪地区重要的交通战略位置使然。图1-20为依据百度地图绘制的福州琴江水师驻防城所处位置图，从图上可以看到闽江通过福州时，被横亘在江心的南台岛分为乌龙江（即南港）和马江（即北港）两支，两支流在马尾附近又合为一体折向东北入海，汇合后的闽江段酷似一把古琴，故此距入海口15公里的闽江段被称为琴江，而福州琴江水师驻防城正位于三江汇合之处。尽管此处为滩地不适合修筑营地，但由于占据此地即能掌控从海上进入福州的咽喉要道，故交通优势最终让驻防城选址于此，只是由于滩地的地基承载力较差，琴江水师驻防城没有按照传统方式选用砖石建筑营房，而是选取了木材作为营房的主要用材。

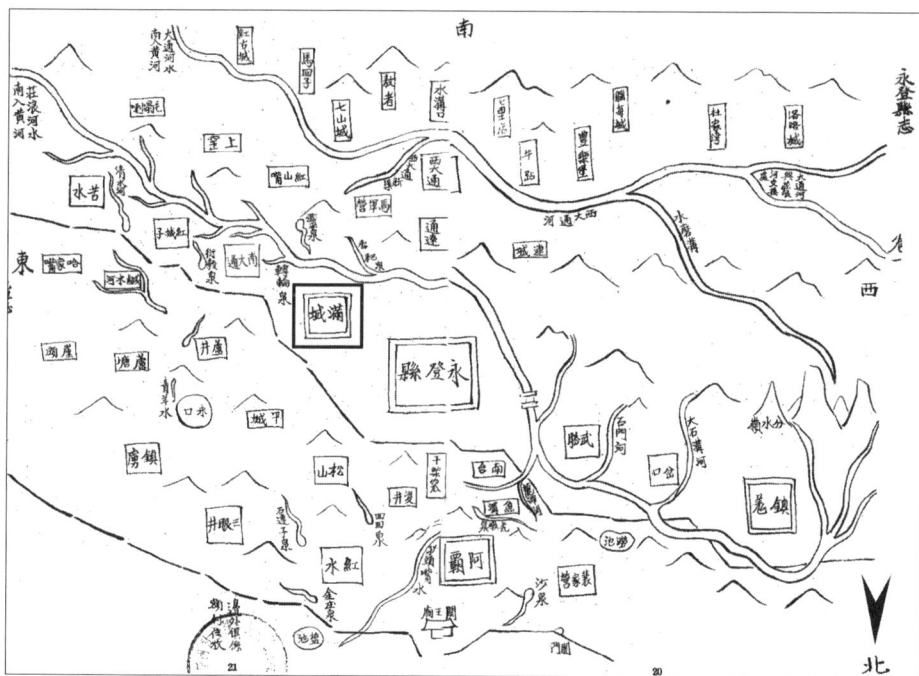

图 1-19 永登县城图

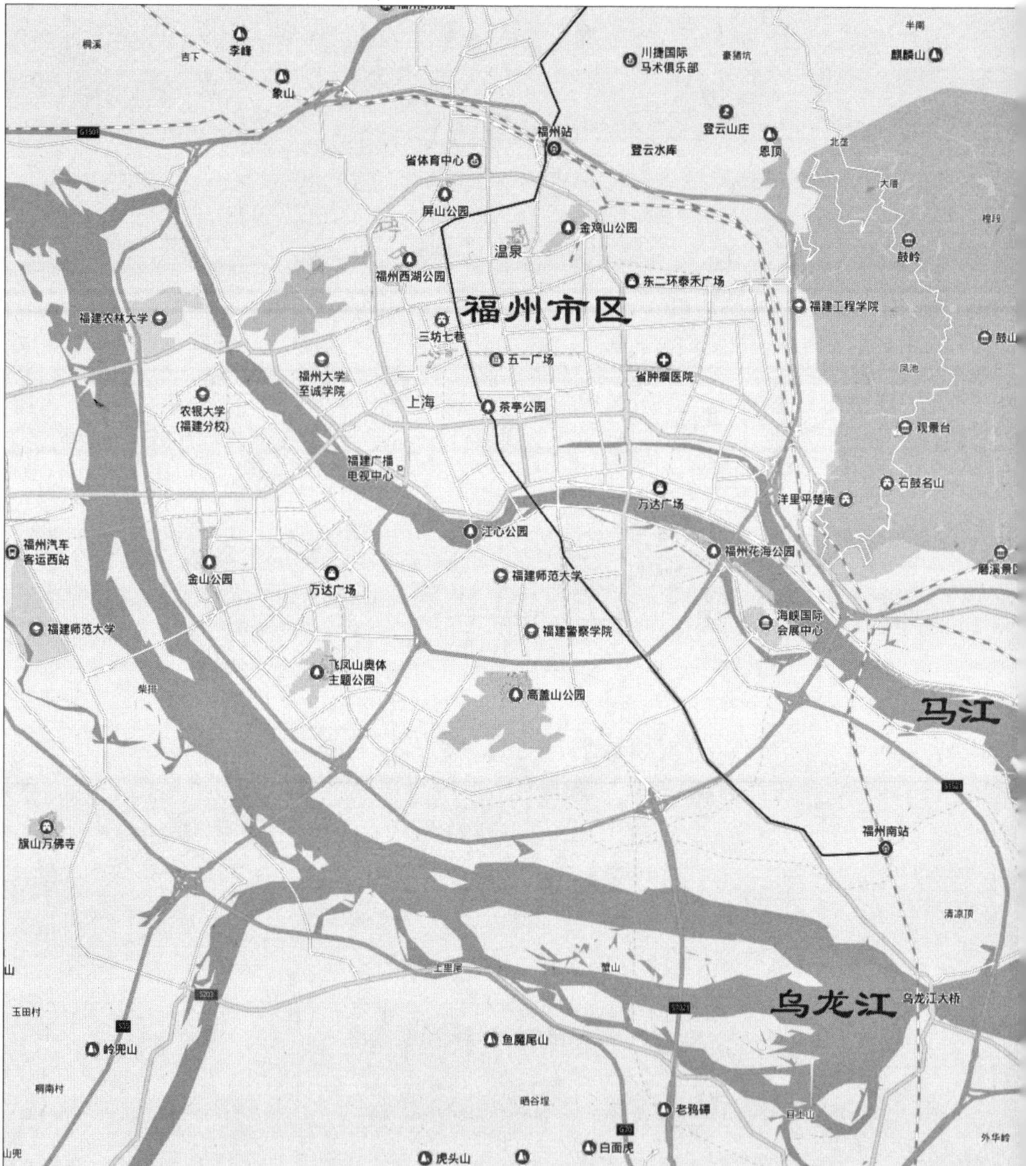
福州市区
马江
乌龙江
福州站
福州南站
省体育中心
屏山公园
金鸡山公园
温泉
福州西湖公园
东二环泰禾广场
三坊七巷
五一广场
福建农林大学
福州大学
至诚学院
上海
茶亭公园
省肿瘤医院
农银大学
(福建分校)
福建广播
电视中心
万达广场
江心公园
福州花海公园
福州汽车
客运西站
金山公园
福建师范大学
福建警察学院
海峡国际
会展中心
飞凤山奥体
主题公园
高盖山公园
旗山万佛寺
李峰
象山
川捷国际
马术俱乐部
登云山庄
登云水库
恩顶
麒麟山
鼓岭
福建工程学院
观景台
石鼓名山
洋里平楚庵
岭兜山
鱼腐尾山
老鸦碑
白面虎
虎头山
狮头顶
岐尾虎
乌龙江大桥
玉田村

图 1-20　福州琴江水师驻防城位置示意图

2. 地产水草丰美

战略优势是独立直省驻防城选址首当其冲的原则，其次地产水草是否丰美也是重要的选址原则。清代直省驻防城除了驻扎数以千计的八旗兵丁外，还有数倍于八旗兵丁的家眷随同前往，日常口粮消耗巨大，加之牧马需要草料，取暖需要林木，故直省驻防城的选址必须考虑此地能否长期为驻防八旗兵丁提供充足的粮草及林木，土地贫瘠地区即便属战略要地，仍不是清代直省驻防城基址的首选。以建于清康熙三十二年（1693）的归化驻防城为例，康熙年间漠西蒙古准噶尔部的崛起让清廷将战略重点由南方转向北部，在长城沿线布防时，将归化城作为驻防营地的首选。除了其作为联系大漠南北的交通枢纽，在控制准噶尔部南下及出击漠北有着天然的地理优势外，归化城所处土默川平原优良的牧场条件，以及周边自明朝就存在的汉人耕作基础，都满足了在此长期驻防的必备条件[50]。又如宁夏满城，除了据"西陲要区"之外[51]，其作为西北重要的粮产区及回、汉、蒙、满边贸门户也是清廷在此设立驻防的重要原因。

图1-21为清嘉庆三年（1798）《宁夏府志》中的宁夏满城布局示意图，从图中可以看到宁夏满城内部的布局情况，内部道路规整，四面各开一门，是典型的军事驻防空间形制。

3. 避免水患原则

除了战乱，水患也会对独立直省驻防城构成威胁，预见性地避开水患是判断清代直省驻防城选址是否合理的重要依据，潼关满城就是由于在选址之初未能避开水患，从而导致整座驻防城被毁。潼关南依秦岭，北控黄河，自古便是连接西北与中原的咽喉要道，在此设立驻防城的意义显而易见。潼关满城城址最初选在了紧邻潼关城的西门外，但经过实地勘测，发现如黄河水涨会波及新建驻防城位置，而后经进一步踏勘，雍正五年（1727）将潼关满城建在了距潼关城西一里许的开阔地带。遗憾的是慎重选址后兴建的潼关满城，最终也没有逃过黄河水患的厄运，潼关满城于乾隆二年（1737）被

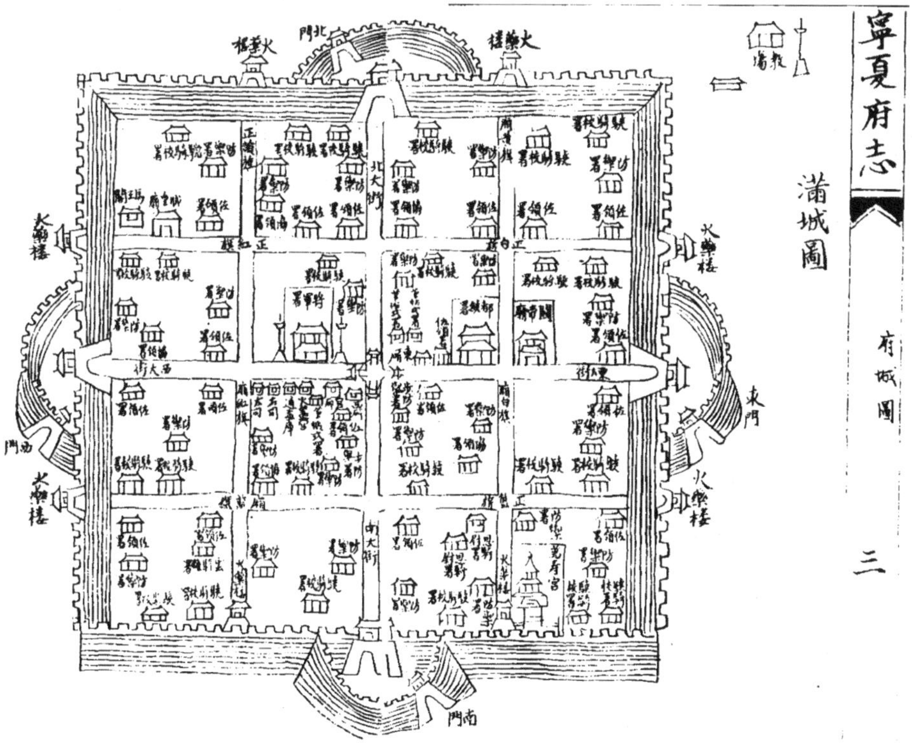

图 1-21 1798 年《宁夏府志》记载的宁夏满城图

泛滥的黄河水冲毁，至今地面无任何历史印迹留存[52]。相反，兴建于乾隆二年（1737）的绥远满城，建城之初曾将基址选在了"归化城"以南的黑河附近，但因其位置地势低洼，大小黑河将会对绥远满城构成威胁，所以后经清廷派重臣多次勘测，最终将城址选在了归化城东北五里处远离水患的开阔地[53]。由于建城之初的选址合理及后期的保护，使得绥远满城的将军衙署及局部城墙得以保存至今，成为直省八旗驻防的历史见证。

　　图1-22是依据《康熙潼关卫志》中潼关境图绘制的潼关满城位置示意图，根据清乾隆五十二年（1787）《奏报查勘潼关城垣确核情形事》中的记载，潼关城身周长2016丈（约11.2里），东门迤南至西门长1282.7丈（约7.12里）；对比《钦定八旗通志》中记载潼关满城周围492.2丈（2.734里），每面城墙约123丈（0.686里）；而《八旗通志初集》（卷24）中记载潼关满城离潼关城西一里许，相近教场，因此以上述史料为依据，潼关满城应位于距潼关城西一里多地的教场附近。

4. 选择开阔地带

　　建于依附城市外围的独立驻防城，驻防的八旗兵丁均在2000名以上，另有数倍的眷属跟随，加之日常的练兵牧马，将基址设在开阔地带十分必要；同时如能与其依附城市之间拉开一定的距离，则会减少建城给当地官民带来的滋扰，故在府城、县城之外兴建独立直省驻防城时，基址通常会选在距其依附城市一定距离的开阔地带。如清雍正八年（1730）兴建的青州满城，原本将城址选在与当时青州府城北隔河相望的东阳古城旧址上，但由于此处地势狭窄，且与青州府城距离太近，日后旗民之间势必会相互干扰，因此最后将青州满城建在了距东阳古城北五里的开阔地带[54]。需要说明的是：雍正年间建立的独立直省驻防城除了履行军政功能外，还肩负着解决日益严重的旗人生计任务，故建在开阔地带才会有空间安置更多的八旗兵丁，因此宁夏新老满城、潼关满城、绥远满城、凉州满城、庄浪满城在选址时也都选在了距依附城市一定距离的开阔地带。

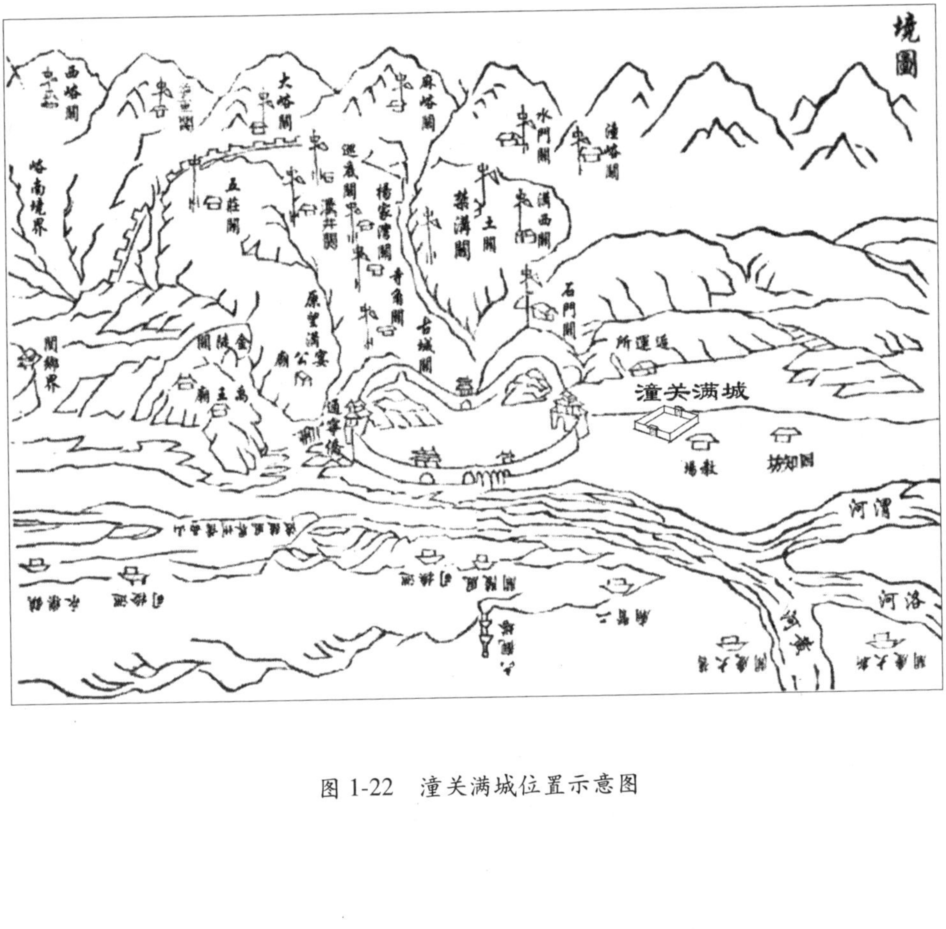

图 1-22　潼关满城位置示意图

　　清代直省驻防城的选址不仅影响其日后应对战乱、水患、地震等灾害的能力，还将关系到直省驻防城能否很好地发挥"弹压地方、节制绿营"的作用，关系到清廷政权的稳定，因此大到将驻防城设在各行省哪些城市，小到驻防城距离其所依附城市的间距与方位，都是清廷再三斟酌的结果。

第五节　清代直省驻防城内部空间布局

对于设置在依附城市内部的直省驻防城，由于受到城内空间及周边地形、道路、建筑设施等条件限制，在整体空间的布局上往往会因势利导，形成各自的空间布局特点；而兴建在依附城市外围的独立驻防城，由于是按驻防军营规划的，因此都有一定的营建规制可循。本节主要将独立兴建在依附城市外围的直省驻防城作为研究对象，来探讨独立直省驻防城的内部空间布局规律。

一、清代直省驻防城内部设施

为了能够让清廷赖以维护政权稳定的军事驻防空间正常运转，在兴建每一处直省驻防城时都会设置衙署、营房、教场、仓储、庙宇、书院等相应设施，另外为了保障八旗兵丁的日常生活，在直省驻防城外还会划定大量的旗地、茔地供驻防八旗兵丁使用。

衙署设施主要是指直省驻防城内各级官员处理公务的地方，清廷对衙署的建制有着明确的要求，因此在驻防城中根据将军、都统、副都统、城守尉、防守尉、骁骑校等官员级别的不同，按照规制会营建不同的衙署院落及相应级别的建筑。

图1-23为佟靖仁校注的《绥远城驻防志》中的绥远满城将军衙署图，从图中可以看到绥远将军衙署由主院和东西跨院组成，进深

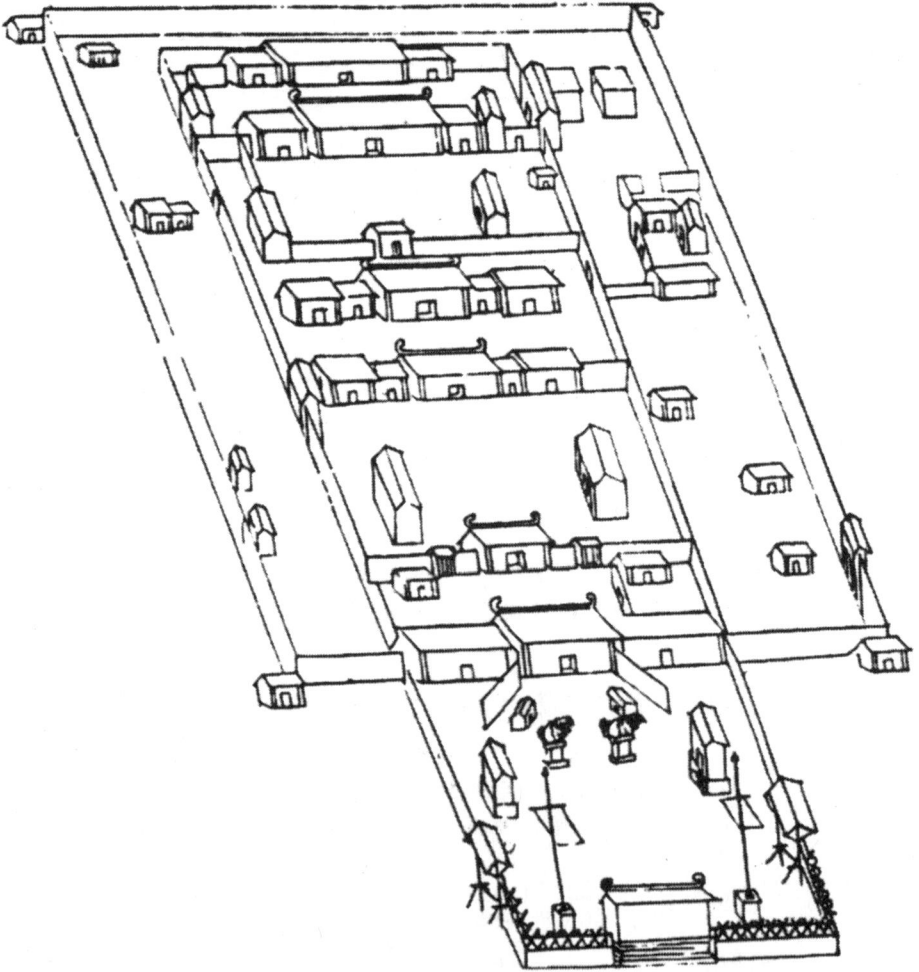

图 1-23　绥远满城将军衙署图

为六进院落；主体建筑位于中轴线上，中轴线上从外到内依次排列着照壁、府门、仪门、大堂、二堂、三堂和四堂，各院主建筑两边配有东西厢房、耳房，大堂、二堂及门院为外庭，是将军办公之所，三堂、四堂两院则为内宅是将军及眷属生活之处；衙署主院两侧为东西跨院，东院为厨房、马房、仓库等后勤用房，西院为衙署花园、客房；中轴主院与东西跨院用围墙隔离，四堂后面设通道将东西跨院连接在一起，两跨院在南面又与仪门两侧贯通相通，这样的空间设置便于八旗兵丁巡逻守护。图 1-24 为目前绥远满城将军衙署现存院落图，引自乔塈的"呼和浩特将军衙署建筑研究"论文。图 1-25为希元纂《荆州驻防八旗志》中的荆州满城将军衙署图，从图上可以看到将军衙署为六进院落，主要建筑都位于中轴线上，东西侧为花园，内有印房、字库、箭亭、马号等设施。

营房设施一般是指八旗兵丁及其眷属的居住场所，占据了驻防城内的绝大部分空间，尽管不同时期的每一处驻防城内八旗兵丁数量会存在变动，但营房的面积不会有变动。每一处八旗官兵的住宅就是组成营房区的一个基本单位，这些基本单位规则地串接在一起，就构成了规则的营区驻地。

图 1-26 为绥远满城八旗兵丁住宅与营房布局图，引自刘致平发表在《建筑历史研究》第一辑中的"山西等处古建筑调查纪略上"一文，文中绘制的是 1957 年绥远满城遗存的八旗兵丁住宅：每家两间，面阔约一丈，进深一丈二尺，柱高约八尺；内部被分隔成过道及左右间，每间均有炕及小灶，面对面可睡五人；住宅基地内有前院和后园，两户为一拼构成基本单元，这样的 20 个基本单元再通过镜像和衔接组成一列营房，多列营房再形成一个街区，绥远满城就是由这些基本单元构成了排列规则的街区肌理。图 1-27 为王其明、茹竞华在圆明园区域实地勘测的清内务府包衣三旗营房总平面及复原图，通过此图可以更直观地了解八旗兵丁的营房布局。

教场设施是八旗兵丁日常训练及操演的场所，是直省驻防城内必不可少的训练设施，教场通常有演武场地和相关的演武厅、箭厅等附属建筑，对于大型的教场，往往设在驻防城外靠近城门处的地方，如青州满城南部宁齐门外的军教场、福州驻防城东北汤门外的

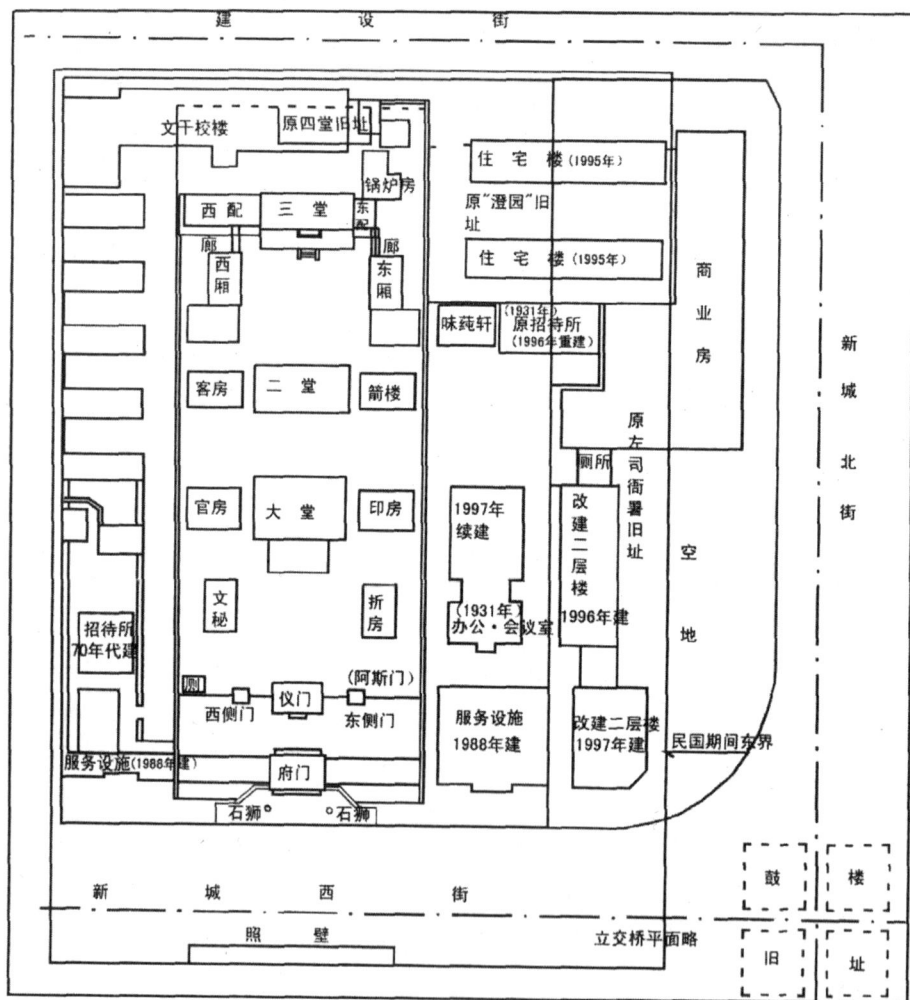

图 1-24 绥远满城将军衙署现存院落图

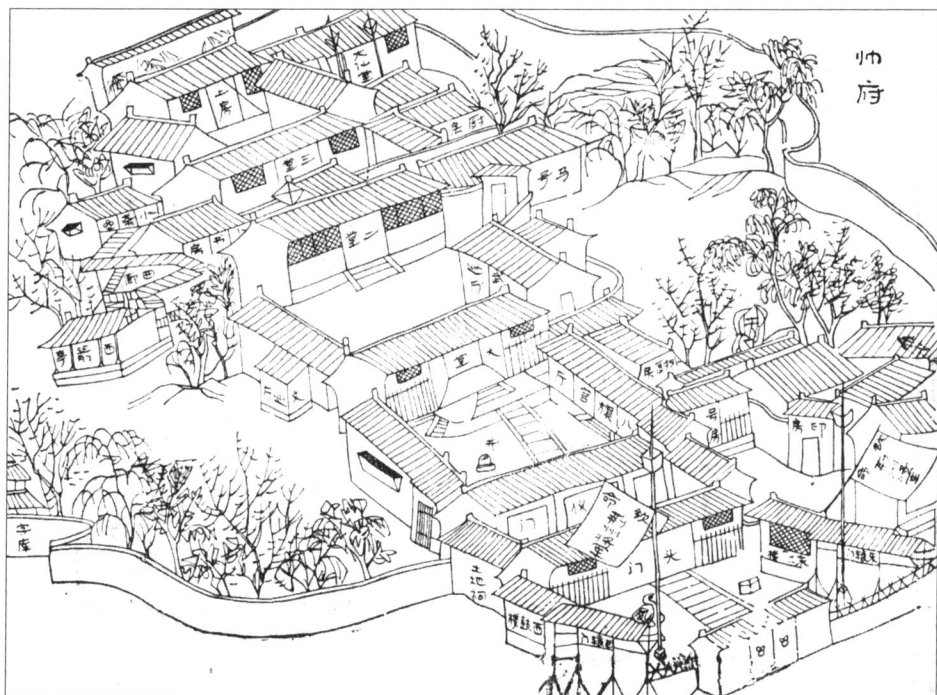

图 1-25　荆州满城将军衙署

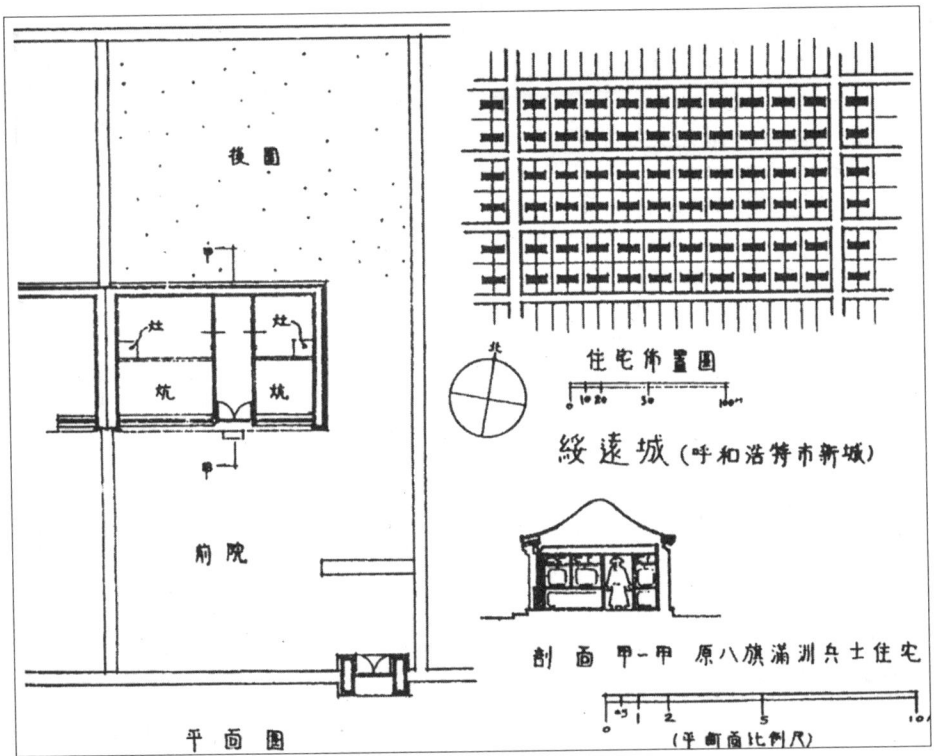

图 1-26　绥远满城八旗兵丁住宅与营房布局图

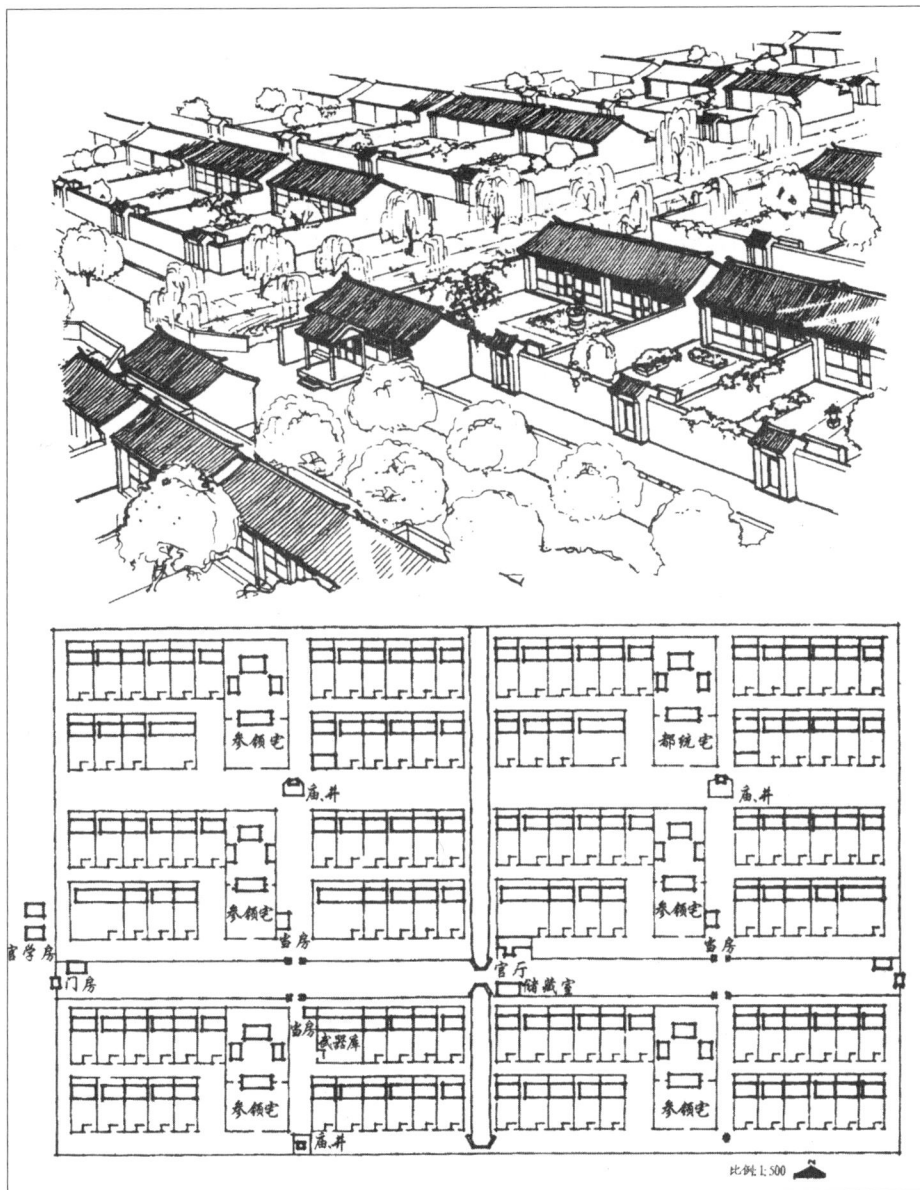

图 1-27　清内务府包衣三旗营房总平面及复原图

箭道场，绥远满城位于城西阜安门外的大校场；当然也有位于驻防城内的教场。

图1-28为开封满城教场位置图，从图上可看到供八旗兵丁训练的大操场位于开封满城内中轴线的北部；图1-29为西安满城教场位置图，可以看出八旗校场在修建时利用了原明秦王府损毁后的院落；图1-30为成都满城教场位置图，西教场被放在了成都满城的西南隅；图1-31为广州驻防城教场位置图，前锋营箭道训练场也位于广州驻防城内的西南隅。

仓储设施存在的目的是为八旗兵丁日常训练、生活以及备战服务的，是直省驻防城的后勤供给系统，主要包括粮库、银库、军械库、火药库、马圈等设施。粮库、银库是储存及定期发放粮饷之地，军械库、火药库、马圈是存放八旗兵丁训练及备战所用相关器物。

图1-32为绥远满城粮库与旗库图，上图绘制的是粮库，用于存放驻防城内的粮食；下图绘制的是旗库，储存各旗物资。

庙宇设施在直省驻防城内也占据着一席之地，八旗兵丁远离故土、携家带眷地来到异乡，以庙宇作为信仰与精神寄托的场所。以旗为单位的军事化管理，让每位八旗兵丁都有着明确的归属，这就使得旗庙作为重要的庙宇设施在驻防城内普遍存在；尚武精神的存在让代表着崇武尚义的关帝庙备受八旗兵丁推崇；而长期与原住民交流又促使驻防城内供奉的神灵更为多元。

图1-33为清罗廷权等纂《重修成都县志》中的成都满城武庙图，书中记载，"武庙，在满城军署前，清朝乾隆四十八年（1783）建修，名关帝庙，左有莲池，右有太极池，引金水河由正殿前横过"，明确指出了成都满城的武庙是供奉关羽的宗教场所。

书院设施是直省驻防城内的教育机构，驻防城内大都会设置官学、义学，设置书院的意义是让旗人子弟学习武艺和满汉文等，不要忘记清廷的立国之本"国语骑射"，同时也能够了解汉民族的文化并加以运用，各地的直省驻防城内都有书院，如荆州满城的辅文书院、广州满城的明达书院、杭州满城的梅青书院、成都满城的少城书院、绥远满城的启秀书院等。

图1-34为荆州满城辅文书院，也称文昌宫，是清光绪四年

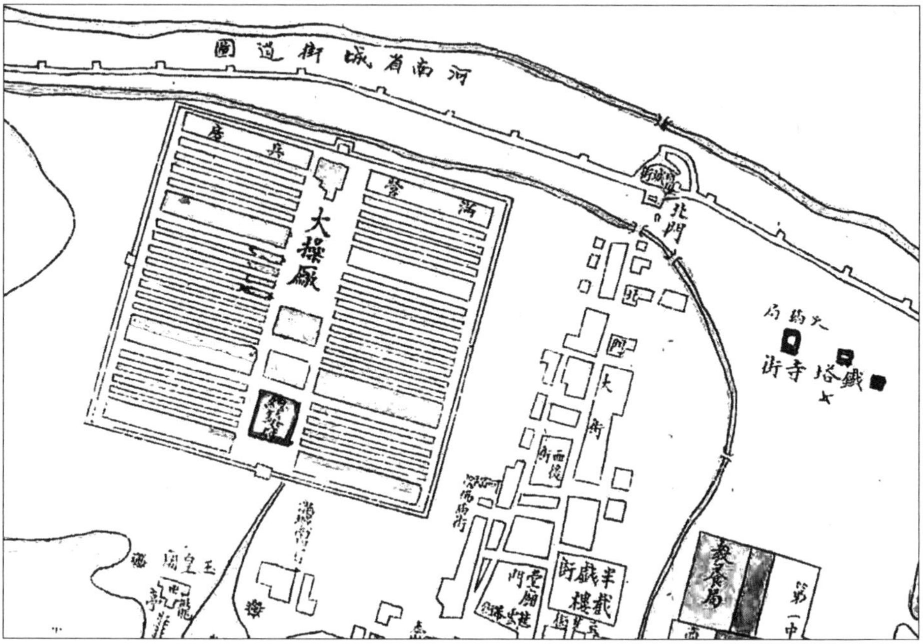

图 1-28 开封满城教场位置图

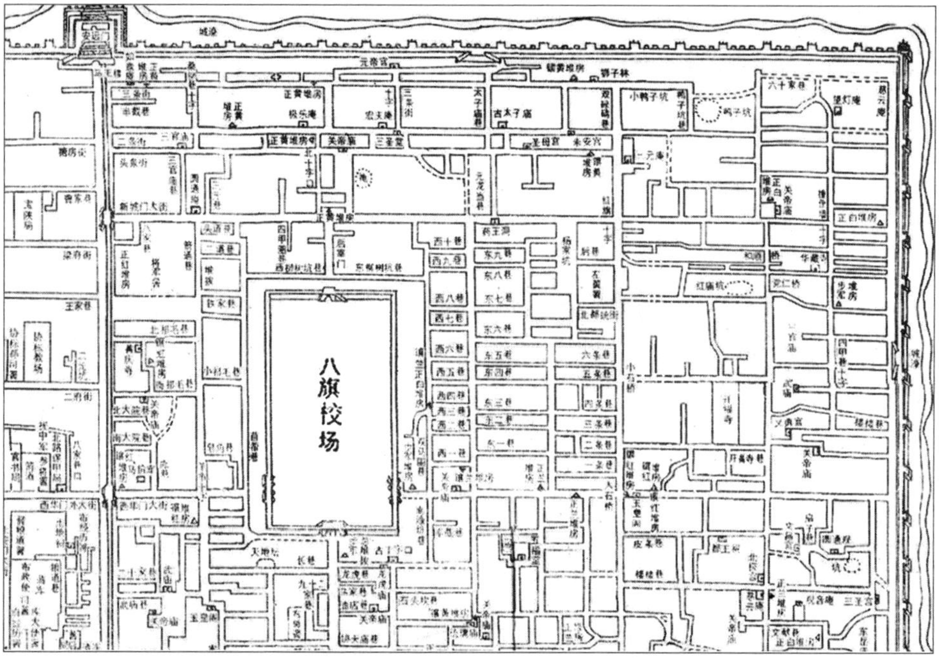

图 1-29　西安满城教场位置图

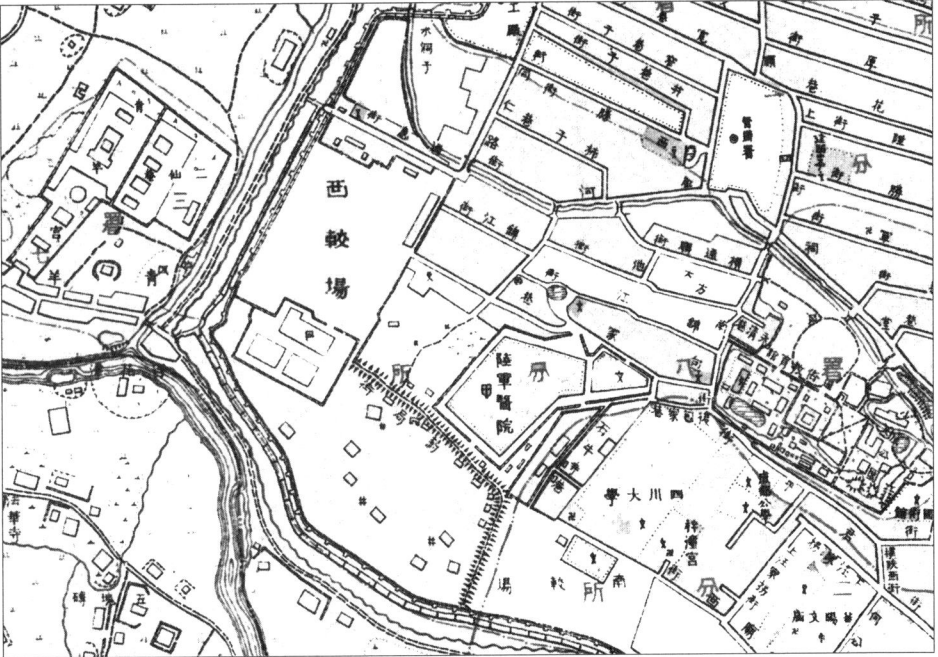

图 1-30 成都满城教场位置图

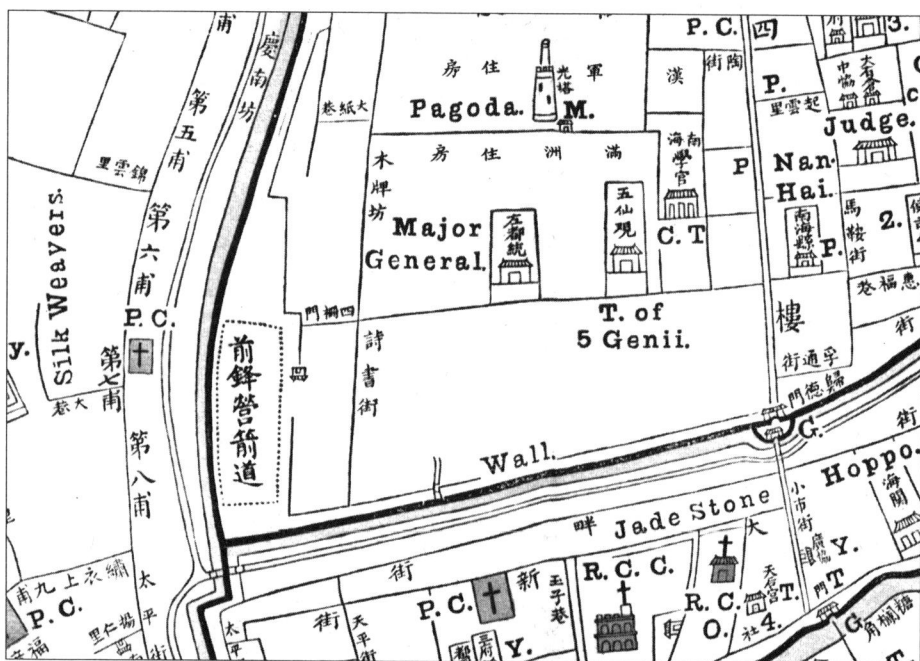

图 1-31 广州驻防城教场位置图

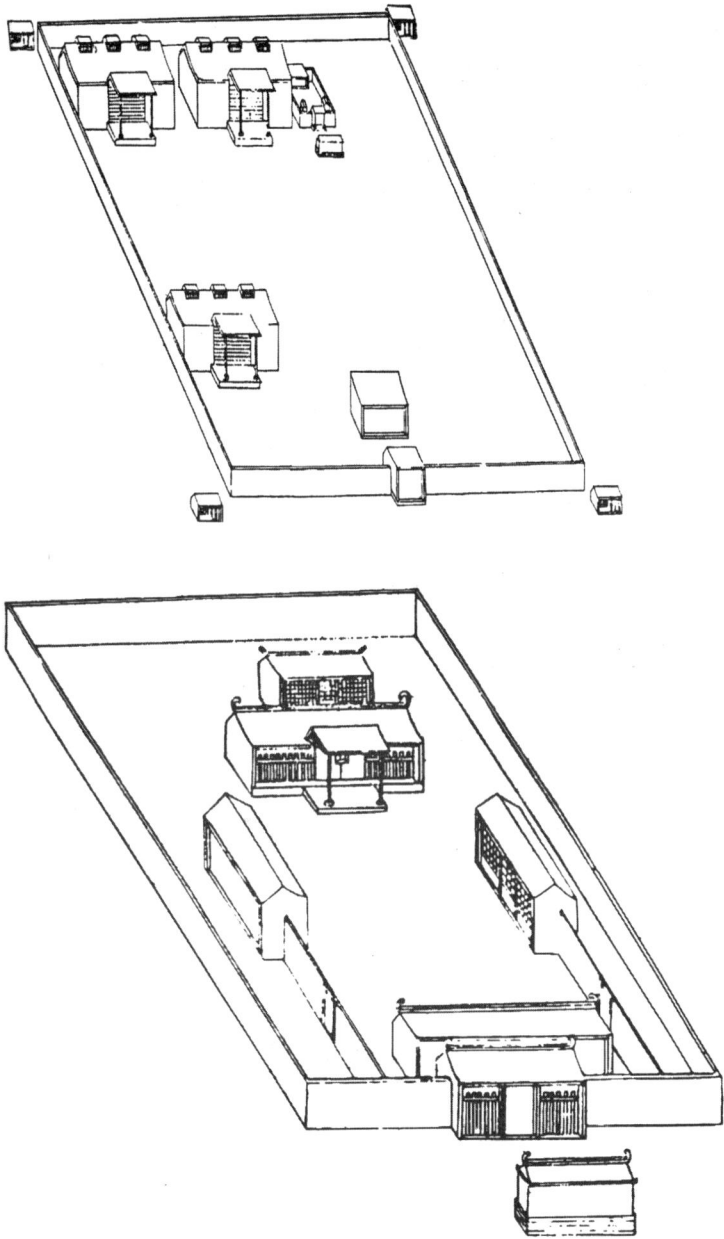

图 1-32　绥远满城粮仓及旗库图

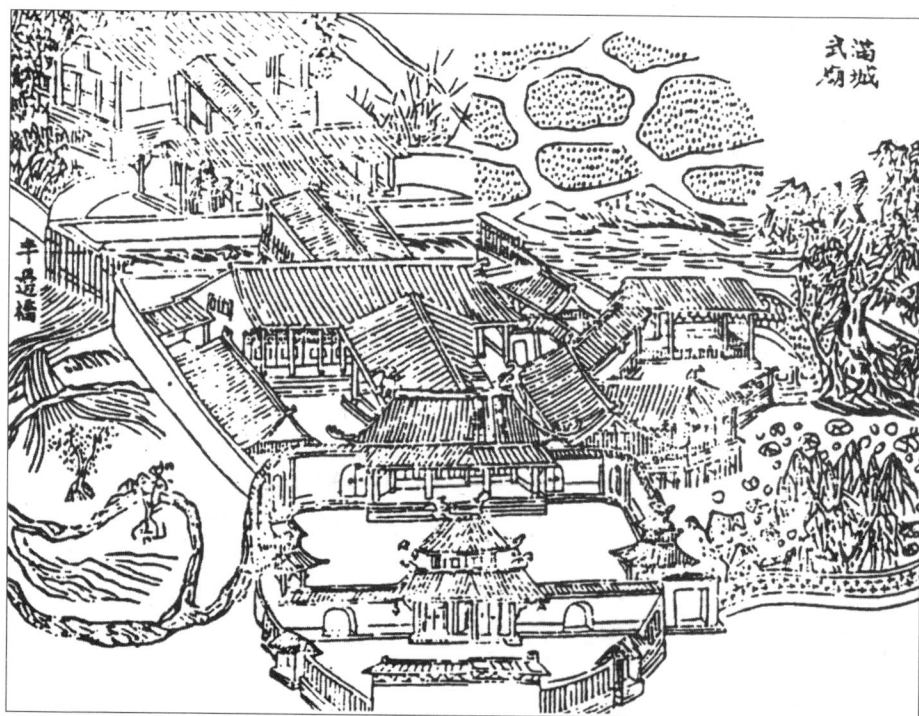

图 1-33　成都满城武庙图

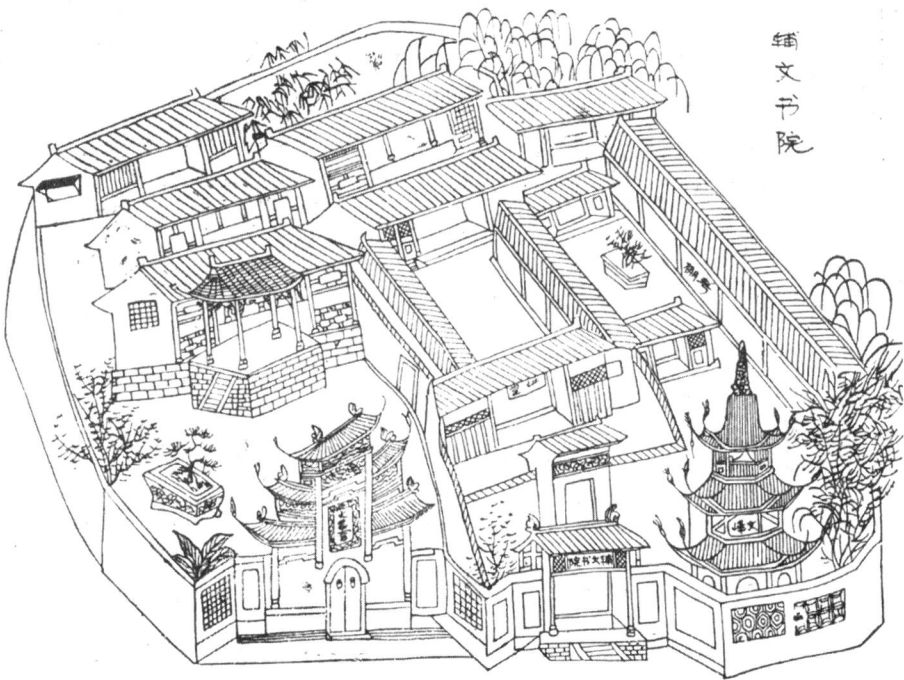

辅文书院

图 1-34　荆州满城辅文书院图

（1878）修建，书院是一处拥有楼阁亭榭的大院落，内有文昌宫、文峰塔、讲堂、考棚以及后花园等。

当然，清廷除在直省驻防城内修建了衙署、营房、教场、仓储、庙宇、书院等设施以维持军政机构的运转，还在直省驻防城外圈占了一定面积的旗地供驻防的八旗兵丁使用。需要说明的是供直省八旗驻防使用的旗地较畿辅驻防占有的旗地较少，并且主要用于马厂和茔地，直省驻防城将所属旗地租给佃农耕种现象出现在雍正及乾隆年间之后，这是由于受旗人生计问题的困扰，各直省驻防城不得不将可能获得的经济利益用于支付八旗兵丁日常的开销。直省八旗驻防旗地的所属权通常归各旗及将军所有，而很少分配到八旗兵丁名下，这样便于各旗及将军根据实际需要统筹管理。

图 1-35 为藏于宁夏博物馆的满人四门官花园地之图，本图的绘制目的不是为了描述宁夏满城的空间布局，而是为了明确存在于宁夏满城周边的土地所属关系。由于宁夏满城的兴建是清廷为了掌控西北战略要地，因此从设置之初就确定为永久驻防，除了驻防城内的营房外，还专门在城外划拨了大片旗地供驻防八旗兵丁使用。从图中可以看到：规则的宁夏满城周边除了营建将军花园、斗母宫、回回寺、三圣庙、龙王庙、东岳庙、魏家庙、史家庙、水窖、油房、磨坊等建筑设施，以及供八旗兵丁日常训练的教场外，还分布着相当数量的旗地，如将军花园、将军地、将军窖地、左右翼副都统地、各旗官地，以补充八旗兵丁的经济来源，另外城周几处标为茔地的区域也归各旗所有，是被用于宁夏满城驻防八旗兵丁丧葬使用的土地。

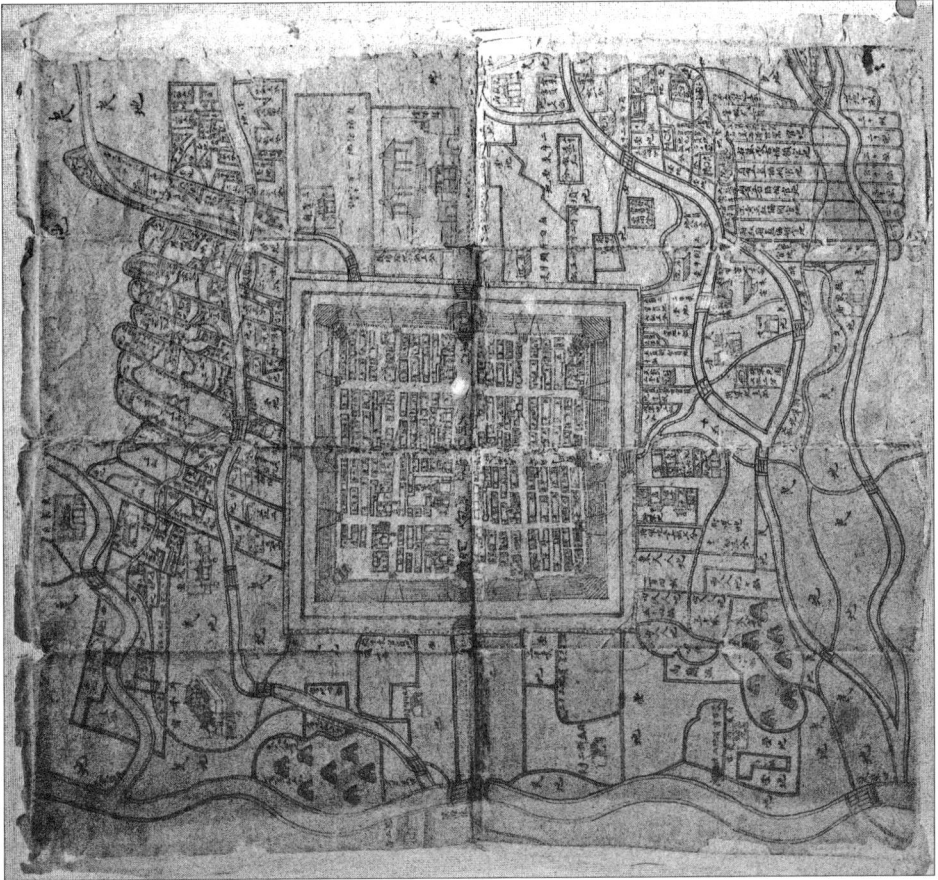

图 1-35　满人四门官花园地之图

二、清代直省驻防城空间结构

设置在依附城市内部的清代直省驻防城，只能在依附城市原有的空间结构基础上进行布局，依托既有建筑设施来安置相应的衙署、营房、教场、仓储、庙宇、书院等，再通过修建界墙或设置堆拔来划分旗境，故此在依附城市内部修建的清代直省驻防城空间结构也就无规律可循，在此选取的研究对象主要是兴建于依附城市外围、独立的清代直省驻防城，以期更好地了解这类驻防城在规划营建时所遵循的基本原则。

清廷修建的独立直省驻防城空间结构基本沿袭明代卫所的建制，整个驻防城城郭大都为正方形或长方形，各城门处为了防守常常会设置瓮城，内部空间以鼓楼这一全城制高点为中心，南北及东西两条主要干道呈十字相交，南北、东西两条主要道路的终点通向四面城门，并从风水及防御的角度出发，在道路接近城门处有时会设置短距离的转折后再通至城门口。整个直省驻防城的最高衙署如将军衙署通常位于十字交叉口的西北角或东北角，这样除了能靠近驻防城的中心及鼓楼制高点，便于掌控全局、集结兵力及传递信息外，也确保衙署能够坐北朝南。城内被等级不同的街巷划分成规则的街区，东西向主要道路北侧临街通常设置公共建筑，其余部分由八旗兵丁依满族旧制按旗所属分驻不同街区，从而构成了以鼓楼为中心的十字大街，然后再以数条规则街巷构成棋盘式的内部空间布局。

图1-36为引自赵生瑞《中国营房史》中的绥远满城街道示意图，简单勾勒了绥远满城的道路布局，整个空间被南北、东西两条主干道分成四个部分，鼓楼位于十字交叉处。

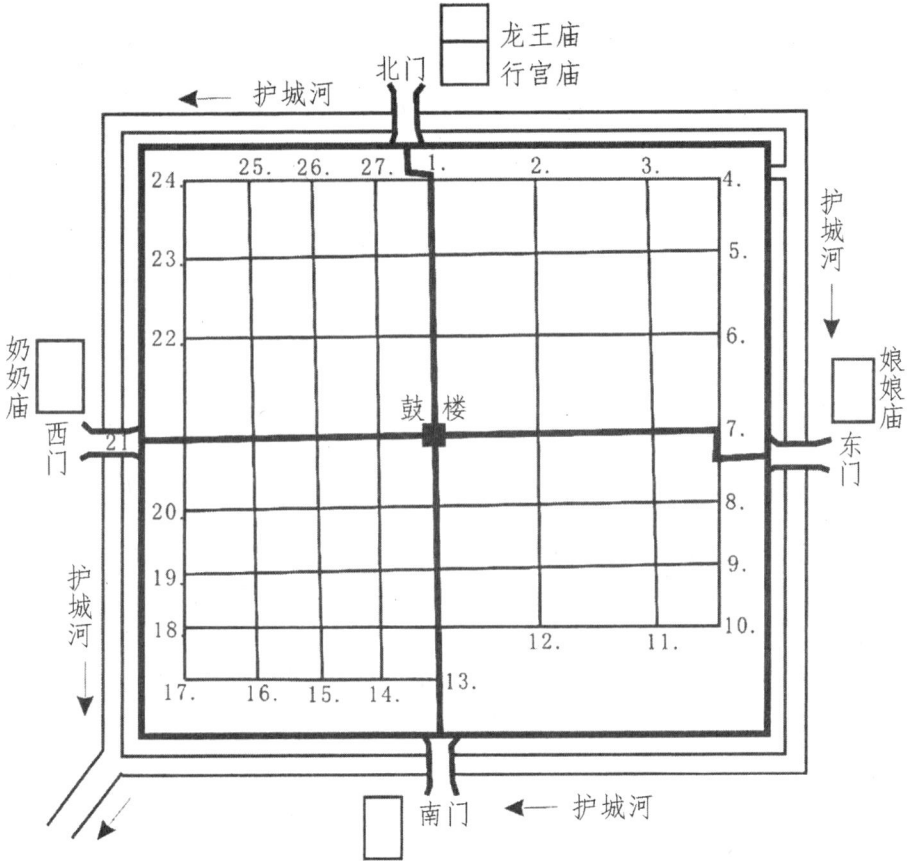

图 1-36 绥远满城街道示意图

小　结

　　直省八旗驻防的建立是清廷经过反复的论证才得以最终确定，清廷在早期争夺政权之时，根据战事的需要在攻占之地或进军路线上屯兵驻防，但除了几处重要空间节点作为永久驻防外，很多地方仅设置临时驻防。是否有必要花费更多的人力、物力在全国范围内设置驻防，让清廷的统治者一直犹豫不决。始于康熙十二年（1673）的三藩之乱让清廷的统治出现了危机，而在三藩平定的过程中，清廷深刻感受到了八旗兵丁对于维持政权稳定的重要性，因此决定在全国各重要战略要地设置永久驻防，可以说三藩之乱在直省八旗驻防建立过程中起到了重要的作用。如何将有限的八旗兵力合理地布置在幅员辽阔的版图内也让清廷颇费了一番心思，居重驭轻是设置直省八旗驻防的原则，军事、政治、经济都是清廷需要考虑的重要因素，最终清廷将直省八旗驻防按照"长江、黄河、长城、运河、东南沿海"五条脉络进行布防，以充分发挥直省八旗驻防的功效，达到"扼一地而控全区"的目的。直省驻防城的兴建是否得当，关系着清廷的千秋基业，因此无论是将直省驻防城设在依附城市内部，还是建在依附城市的外围，都要考虑能否占据战略要地，依附城市所暗含的政治因素的强弱如何，能否有足够的粮草、林木以满足八旗兵丁及家眷的需求，而选址的合理与否也在一定程度上决定了直省驻防城后期的使用。军事功能是清代直省驻防城的首要功能，因此直省驻防城内部的空间布局总是从战略角度加以考虑，但由于又存在着永久居住的八旗兵丁及家眷，因此除了衙署、营房、教场这些必要的设施之外，仓储、庙宇、书院、一定数量的旗地也都是兴建直省驻防城需要考虑的内容。

作为八旗驻防体系的重要载体，清代直省驻防城也随着清廷对政权掌控程度的变化而不断地完善着自身的职能，从清初为争夺政权建立驻防城以"就近派遣八旗兵员、筹措粮饷"，到获取政权后调整为"弹压地方、节制绿营"，再到解决"旗人生计"问题，直省驻防城一直在为清廷的统治发挥着其应有的作用，清代直省驻防城的建立过程就是八旗驻防体系的不断完善过程。清廷希望采用在其版图的战略要地设置驻防点来利用少数兵力来达到"居重驭轻"的效果，因此对直省驻防城的选址、建立及驻防等级的布局都非常注重，这也是清代直省驻防城能够在夺取政权及维系政权稳定的过程中发挥着重要作用的原因。

参考文献

[1] （清）张大昌撰. 白辰文点校. 杭州八旗驻防营志略 [M]. 辽宁大学出版社, 1996年, 卷十五: 第157页。

[2] 朱永杰. 清代驻防城时空结构分析 [M]. 人民出版社, 2010年, 第28页。

[3] 中国第一历史档案馆. 雍正朝汉文朱批奏折汇编 [M]. 江苏古籍出版社, 1989年, 雍正六年十二月十六日朱批, 第397页。

[4] （清）魏源. 圣武记 [M]. 中华书局1984年点校本, 第467页。

[5] （日）东亚研究所编. 异民族统治中国史 - 日本东亚研究所 [M]. 韩润棠, 张廷兰, 王维平等译. 商务印书馆, 1964年, 第192页。

[6] 定宜庄. 清代八旗驻防研究 [M]. 辽宁民族出版社, 1999年, 第204页。

[7] 清实录 [M]. 中华书局影印本, 1985年, 卷三十五: 雍正十三年十一月乙丑条, 第531页。

[8] （清）计六奇. 明季南略 [M]. 中华书局1984年点校本, 卷四: 十九日庚子条, 第220页。

[9] （清）鄂尔泰等修. 八旗通志初集 [M]. 东北师范大学出版社, 1985年, 卷二十八: 第460页。

[10] （清）铁保等纂. 钦定八旗通志 [M]. 台湾学生书局影印本, 1968年, 卷一一七: 第7619页。

[11] （清）冯夔飏重修. 朱霖增纂. 镇江府志·江苏府县志辑 [M]. 卷十六: 第353页。

[12] （清）高廷法修. 陆耀通等纂. 咸宁县志 [M]. 成文出版社, 民国二十五年重印本, 卷十: 第529页。

[13]（清）铁保等纂. 钦定八旗通志[M]. 台湾学生书局影印本，1968年，卷一一七：第7590页。

[14]（清）鄂尔泰等修. 八旗通志初集[M]. 东北师范大学出版社，1985年，卷二十八：第465页。

[15] 清世祖实录[M]. 华文书局股份有限公司，1982年，卷九一：第718页。

[16] 中国第一历史档案馆整理. 康熙起居注[M]. 中华书局，1984年，康熙十九年十二月十五日，第644页。

[17]（清）鄂尔泰等修. 八旗通志初集[M]. 东北师范大学出版社，1985年，卷二十八：第464页。

[18]（清）长善等纂. 驻粤八旗志[M]. 辽宁大学出版社，1992年，卷一：第45页。

[19]（清）希元，祥亨等纂. 荆州驻防八旗志[M]. 辽宁大学出版社，1990年，卷八：第117页。

[20] 清世祖实录[M]. 华文书局股份有限公司，1982年，卷一五七：第972页。

[21] 绥远通志馆编. 绥远通志稿（第二册）[M]. 内蒙古人民出版社，2007年，卷十七：第393页。

[22]（清）铁保等纂. 钦定八旗通志[M]. 台湾学生书局影印本，1968年，卷一一七：第7607页。

[23]（清）鄂尔泰等修. 八旗通志初集[M]. 东北师范大学出版社，1985年，卷二十八：第465页。

[24] 王钟翰点校. 清史列传[M]. 中华书局，1987年，卷十九：第928页。

[25]（清）铁保等纂. 钦定八旗通志[M]. 台湾学生书局影印本，1968年，卷一一七：第7603页。

[26] 中国第一历史档案馆. 雍正朝汉文朱批奏折汇编[M]. 江苏古籍出版社，1989年，雍正六年十一月十九日石云倬奏，第358页。

[27]（清）黄曾成纂. 马协弟点校. 琴江志[M]. 辽宁大学出版社，1996年，卷之一：第689页。

[28]（清）张大昌撰. 白辰文点校. 杭州八旗驻防营志略[M]. 辽宁大学出版社，1996年，卷十五：第158页。

[29] 中国人民大学清史研究所编. 清史编年（宫中档雍正朝奏折第十二辑）

[M]．中国人民大学出版社，2004年，雍正六年十二月十六日壬辰，第359页。

[30] 清高宗实录[M]．华文书局，1982年，卷三十九：乾隆二年三月庚戌条，第699页。

[31] 宁夏回族自治区档案馆．清实录宁夏资料辑录（上）[M]．宁夏人民出版社，1986年，第221页。

[32]（清）赵尔巽纂．清史稿[M]．中华书局，1976年，卷一百三十：第3870页。

[33] 戴迎华．清初民末旗民生存状态研究[M]．人民出版社，2010年，第23页。

[34] 徐映璞．两浙史事丛稿[M]．浙江古籍出版社，1988年，第185页。

[35] 马诗凯．试析德州八旗驻防的形成及作用[J]．吉林省教育学院学报，2014年01期，第148页。

[36] 徐明德．论清代中国东方明珠浙江乍浦满城[J]．清史研究，1997年03期，第36页。

[37] 翁道乐，王玉海．清右卫建威将军探微[J]．内蒙古大学学报，2006年01期，第19页。

[38] 宿绍明．西口八旗驻防[M]．学苑出版社，2015年，第2页。

[39] 陈江明．清代杭州八旗驻防史话[M]．杭州出版社，2015年，第30页。

[40]（清）李培谦监修．闫士骧纂辑．阳曲县志[M]．成文出版社，民国二十一年重印本，卷十一：第736页。

[41] 徐凯希．乾隆五十三年的荆州大水及善后[J]．历史档案，2006年03期，第39页。

[42] 杭州市档案馆编．杭州古旧地图集[M]．浙江古籍出版社，2016年，第160页。

[43] 广州市规划局编．图说城市文脉——广州古今地图集[M]．广东省地图出版社，2010年，第26页。

[44]（韩）任桂淳．清朝八旗驻防兴衰史[M]．生活·读书·新知三联书店，1993年，第213页。

[45]（清）春光纂．马协弟点校．京口八旗志[M]．辽宁大学出版社，1996年，第479页。

[46]（清）王道亨修．乾隆德州志[M]．凤凰出版社，1788年，卷五：第101页。

[47] 中国第一历史档案馆．康熙朝汉文朱批奏折汇编第八册[M]．档案出版社，1985年，第179页。

[48] 王树声编著．中国城市人居环境历史图典[M]．科学出版社，2015年，第257页。

[49] 吴丁．福建长乐琴江满族村：清代三江口水师旗营驻防之地[J]．文明遗踪，2013年01期，第61页。

[50] 黄治国．试论清代在归化城设置驻防的经济原因[J]．兰州学刊，2008年12期，第183页。

[51]（清）张金城修．宁夏府志[M]．成文出版有限公司据嘉庆三年刻本影印，1968年，卷二：第52页。

[52] 朱永杰．清代潼关满城的创建及其设施结构初探[J]．兰台世界，2010年05期，第43页。

[53] 军机处录副奏折（档号03-0984-007．微缩号069-0032）[Z]．北京：中国第一历史档案馆藏。

[54] 刘小萌，王禹浪．山东青州北城满族村的考察报告——关于青州八旗驻防城的今昔[J]．黑龙江民族丛刊，2001年04期，第62页。

第二章 / 清代直省驻防城的解体

第一节　清代八旗驻防体系的衰败

清代八旗驻防体系的衰败是导致清代直省驻防城解体的根本原因，这一由清廷独创的以少数兵力控制辽阔疆土的八旗驻防体系，在清廷争夺政权、平叛战乱中发挥了极其重要的作用，但随着时间的推移逐渐暴露出这一体系中存在的问题：如作为支撑直省八旗驻防唯一经济来源的巨额"兵饷"，加重了清廷的经济负担；依附城市内外直省驻防城的存在加剧了满汉之间的隔阂，激化了民族间的矛盾；为解决"旗人生计"采取的汉军出旗、缩减训练军费的开支，削弱直省八旗驻防的军事力量等[1]，从而最终导致清廷内部出现了一系列危机。

一、八旗生计危机

八旗兵丁是清廷争夺国家政权的重要资本，因此在掌握国家政权后，清廷给予了八旗兵丁优厚的待遇，其实施的旗饷政策虽然解决了八旗兵丁在生活上的后顾之忧，强化了八旗兵丁对清廷的依赖，但同时也让清廷为此背上了沉重的负担，为八旗驻防体系的衰败埋下了隐患。旗饷政策的确立，不但给负担兵役的八旗兵丁及眷属提供了物质保证，同时也给八旗兵丁的人身自由带来了严格的束缚与控制，成了满族社会经济发展的障碍。特别是雍正朝以后，随着八旗人口的不断增加，闲散的余丁日益增多，清廷无法负担过重的旗饷，导致"旗人生计"日趋困难[2]，从而动摇了八旗驻防体系的根本。

二、战斗力危机

勇猛善战的八旗兵丁为大清帝国的创建立下了赫赫战功，但随着国家政权的稳定，旗饷政策的实施，完全剥夺了驻防八旗兵丁从事物质劳动生产的条件，从而让驻防八旗兵丁逐渐堕入了"赖饷而食"的生活泥沼，哪里还存有开国时的作战素质。而后随着清廷为了解决京师"旗人生计"问题而推出的"直省八旗驻防汉军出旗"政策[3]，让相对精锐的汉军出旗，空出驻防额缺以供京师满族余丁填补，进一步降低了驻防八旗兵丁的战斗力，而清末的两次鸦片战争及太平天国运动更是以大规模消灭八旗精锐为代价，使得直省八旗驻防从此一蹶不振，无法再现昔日八旗兵丁的战斗荣光。

三、民族关系危机

直省八旗驻防的存在就是因民族对立而起，同时直省八旗驻防"弹压地方、节制绿营"的职能又将其推向了地方官兵的对立面。清廷从入关之初创立八旗驻防制度伊始，便防止驻防八旗兵丁"沾染汉俗"，因此通过建立直省驻防城、颁布相关规定将驻防八旗兵丁与地方的汉民族进行隔离，清廷采取的这些隔离政策，表面上看避免了满汉之间公开的冲突与矛盾，但却加深了二者之间的隔阂[4]，使得满族与汉族及其他各民族间的隔阂终清一世也未消除。民族矛盾的长期存在，也是八旗驻防体系最终走向衰败的原因之一。

第二节　清代直省驻防城的损毁过程

清代晚期的对外战争及对内平叛，让本已衰败的直省八旗驻防雪上加霜。两次鸦片战争，特别是太平天国运动因大规模消灭八旗精锐给直省八旗驻防以重创，辛亥革命又将直省八旗驻防的效忠对象推翻，承载着"建威销萌"的直省驻防城也就跟着解体，随之而来的军阀混战、抗日战争及解放战争让本已解体的直省驻防城再次遭到破坏，而中华人民共和国成立后的城市建设又使得有幸逃过无数劫难的直省驻防城遗存面临厄运。

一、鸦片战争与太平天国运动对直省驻防城的破坏

两次鸦片战争使东南地区的驻防城如广州驻防城、乍浦满城、京口驻防城均遭损毁；持续十四年、波及中国十八个行省的太平天国运动，不仅强烈地冲击了江宁满城、杭州满城、乍浦满城、京口驻防城，也因频繁的八旗兵员调动间接地牵扯到几乎每一处直省驻防城[5]。鸦片战争，特别是太平天国运动让清廷的八旗精锐迅速减员，从而导致了战后多地的直省驻防城规模呈现萎缩状况。

始于清道光二十年（1840）的第一次鸦片战争，以英国为代表的资本主义生产方式在东亚地区的扩张拉开序幕，并最终以清廷的失败而告终，这次战争波及了东南沿海数省，广州驻防城、乍浦满

城、京口驻防城都发生了重大战事，其中以青州八旗兵丁参与的镇江保卫战最为惨烈[6]，第一次鸦片战争不仅让直省八旗驻防的兵员损失惨重，广州驻防城、乍浦满城、京口驻防城也在战争中遭到了重创。清咸丰六年（1856）的第二次鸦片战争尽管仍从广州打响，并沿海岸线向北漫延，但由于主要战场为京津地区，因此除广州驻防再次遭到破坏外，其他直省驻防损失相对较小。

太平天国运动对直省八旗驻防的破坏是致命的，由于各行省驻防的八旗兵丁是维护清廷统治的主要力量，因此当太平军在金田起义后，八旗兵丁就成了太平军的重点打击对象。太平天国首领杨秀清发表的《奉天讨胡檄》中就明确指出："誓屠八旗，以安九有。"[7]在与太平军长期作战的过程中，南部诸省的直省驻防城受损严重，清咸丰三年（1853）太平军进攻江宁（今南京市），江宁满城被围，连续作战让守城的八旗兵丁"皆力尽气竭而死"[8]，最终城被攻破，城中旗民俱被杀戮[9]。江宁满城在太平军攻占后，原驻防城西墙、北墙及将军衙署被拆毁用于天王府的建设，驻防城区逐渐荒芜并最终被菜园所替代，太平军攻占江宁后，仅存西华门两侧的一小段城墙；同治三年（1864）六月清廷复夺回江宁府，并于十月重建江宁满城，重建后的江宁满城规模明显缩小，江宁满城城墙也再未恢复[10]。清咸丰三年（1853）太平军攻占江宁后，又乘船东下进攻京口，京口的驻防八旗兵丁早在鸦片战争中就已遭到重创，而在此次面对太平军的作战中由于组织不利，未作太多抵抗京口就被占领，太平军入城后京口驻防城也遭破坏[11]。同样在太平天国运动中被毁的还有杭州满城。太平军攻下江宁后，为了保证天京（今南京市）的粮食供给以及战略物资的储备，曾于咸丰十年（1860）和咸丰十一年（1861）先后两次攻占杭州。咸丰十年（1860）太平军攻入杭州城，但未攻破杭州满城；咸丰十一年（1861），杭州城被太平军包围两个多月后再次被占领，杭州满城也被攻破，城内八旗兵丁"合营纵火自焚，烟焰蔽天，殉烈八千余人"[12]，除钱塘门一带八旗兵丁不愿自焚，未引火药逃出城外，杭州满城内将军衙署、营房大部分被毁[13]。乍浦满城也于咸丰十一年（1861）被太平军攻陷，在战争中乍浦满城驻防的1789名八旗兵丁仅余46名[14]，乍浦满城也在战争中损毁严重。持续十四年之久的太平天国运动以战争形式破坏了江宁满城、杭州满城、乍浦满城、京口驻防城，即便未被太平军冲击的其他直省驻防城如荆州满城、广州驻防城、西安满城，也因大量被调遣到各地作战的八旗兵丁损失惨重而遭重创，太平天国运动使清廷的八旗驻防兵员大规模减少，特别是南部诸省的驻防基本被打乱。

图2-1为《清军围攻金陵城图》，绘制时间约为咸丰三年（1853）二月太平军攻占金陵后，至咸丰六年（1856）六月清军的江南大营被破期间。此图记录了清军将领向荣率领各路清军在金陵城外集结，与太平军激战的场面，并标注了金陵各城门的位置，以及太平军在南京城内外扎营的驻地分布和清军各路的番号和旗帜。从图中可以看到金陵城的右下角被界墙围住的部分就是江宁满城，明故宫在满城中心，将军衙署在明故宫西侧。

二、辛亥革命带给直省驻防城直接与间接的损毁

辛亥革命是清代直省驻防城命运的历史转折点。从"驱除鞑虏，恢复中华"的资产阶级革命纲领可以看出"排满"是辛亥革命的主要内容，利用民族仇恨来增强改朝换代的力量无疑是成功的，尽管和平光复直省驻防城的方式是当时的主流，但有些直省驻防城却在激烈对抗中遭到了直接损毁；而那些迫于军事压力进行主动谈判而最终和平光复的直省驻防城，虽然暂时躲过了辛亥革命的战火，却因后期为解决当地旗人生计及为军政府筹措军饷等原因，最终仍未逃过被人为拆毁变卖的厄运。

辛亥革命爆发后，各地驻防八旗兵丁成了革命军征讨的主要对象，其中发生激烈对抗的直省驻防城有西安满城、江宁满城、福州驻防城、荆州满城、宁夏满城，这些直省驻防城在与革命军对抗过程中遭到了一定程度的破坏。西安满城在被围攻过程中对抗激烈，对抗中革命军向城内开炮 并且在城破后还发生了巷战，因此让西安满城内的建筑损毁严重[15]；发生在江宁满城的战事也同样激烈，八旗兵丁为防止革命军破城后对旗人进行大屠杀，采取了玉石俱焚的手段，自己引燃了城内的火药库产生爆炸，造成江宁满城的局部损

图 2-1　清军围攻金陵城图

毁严重[16]；福州驻防城在攻破前也发生了八旗兵丁与革命军的对抗，革命军占据福州驻防城南面的于山，利用炮火攻击八旗兵丁驻防营地，福州驻防城内的大部分设施也都在革命军的炮火及旗人纵火烧房过程中遭到损毁[17]；荆州满城是主动应对革命军进攻的驻防点，曾在与革命军的对抗中占据主动，但后来终因城孤无援，被迫与革命军签订投降协议，因此荆州满城得以保全[18]；宁夏新满城是辛亥革命期间八旗兵丁击退革命军的唯一驻防点，这是由于宁夏地区条件相对艰苦，长期在此驻防的八旗兵丁还保持着较强的战斗力，加之武器装备较好，因此侥幸取得了胜利，宁夏新满城得以保存，并直至民国3年（1914）此处驻防城才被拆毁[19]。

　　图2-2为江宁将军之衙署内廷残毁之状，引自谭金土收藏家的博客，照片由澳大利亚记者端纳拍摄，记录的是1911年12月2日江浙联军攻占江宁满城之后看到的当时将军衙署被毁的情景。1911年10月10日武昌起义的成功促进了全国革命高潮的到来，继湖南、陕西、江西、山西、云南等省纷纷响应武昌起义之后，1911年11月初，上海、浙江、江苏等省也先后宣布独立，但江苏省的南京尚为清朝所控制并驻有重兵，革命党多次策动守军起义未果。为巩固东南地区的革命成果，减轻首义之区武汉的压力，苏、浙、沪革命党决定联合攻取南京，江浙联军攻打南京的战斗于1911年11月24日打响，先后攻下南京外围紫金山、幕府山、雨花台等处的炮台，扫清了清军外围据点，并于1911年12月2日江浙联军光复南京。图2-3是从民国17年（1928）绘制的《最新首都城市全图》中截取的局部，从图中可以看到清末战乱及辛亥革命让明故宫西侧、曾经是八旗兵丁驻地的土地荒芜，居住人口稀疏。

　　迫于军事压力、主动进行谈判而最终得以和平光复的直省驻防城有：杭州满城、京口驻防城、太原满城、广州驻防城、开封满城、成都满城、福州琴江水师驻防城、乍浦满城、青州满城，其中杭州满城、京口驻防城、太原满城、广州驻防城、乍浦满城中的驻防八旗兵丁都试图抵抗，甚至出现了一些对峙，但最终为了避免流血冲突，签订了和平光复协议；广州驻防城、成都满城是在未与革命党发生冲突的情况下，通过双方进行谈判、签订协议后得以和平光复；

图 2-2　江宁将军之衙署内廷残毁之状

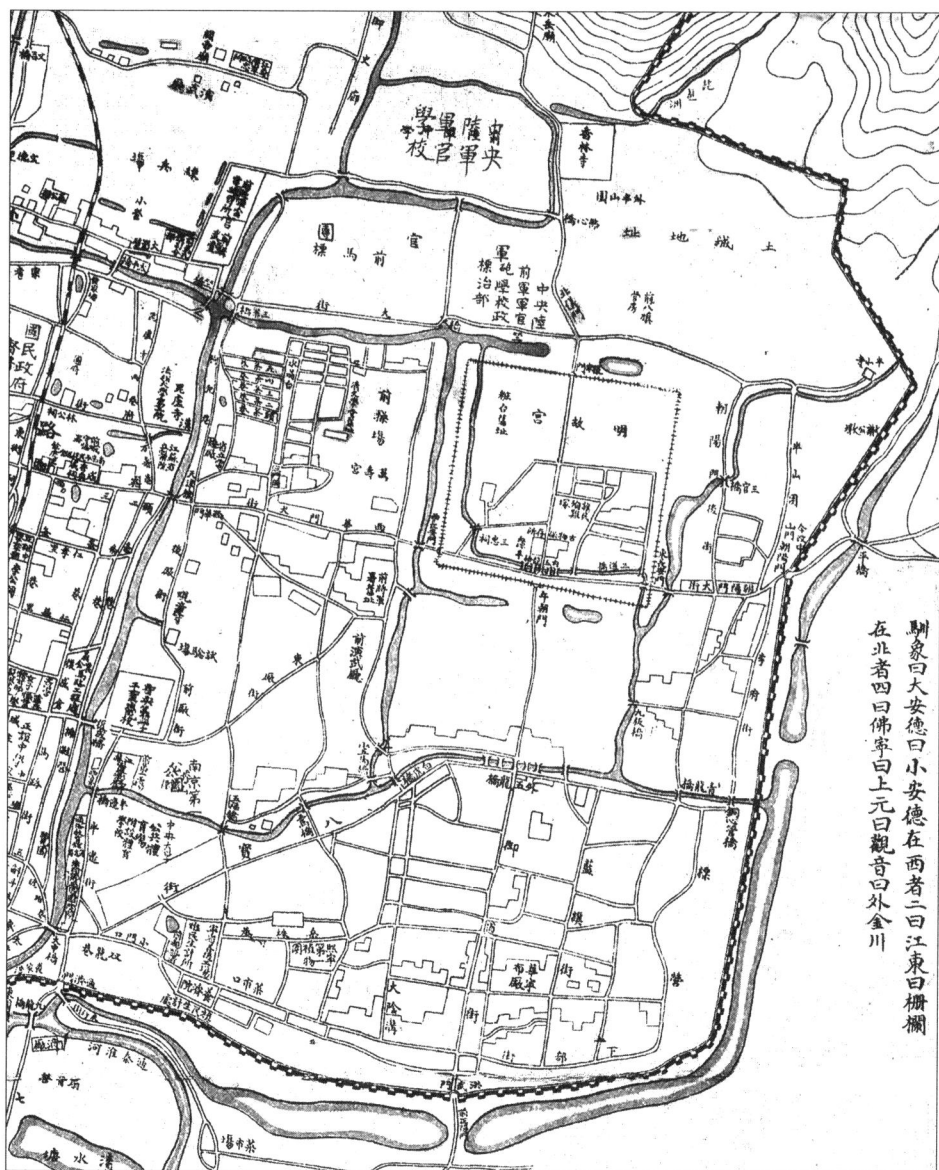

图2-3 最新首都城市全图

青州满城较为特殊，革命期间并未出现任何变化，"任由北京、济南政局变幻，青州维持一片和平，甚至并未缴械，成为民国军事力量的一部分"[20]。

在辛亥革命期间，由激烈对抗带来的破坏只是直省驻防城被毁的部分原因，直省驻防城被毁的主要原因则是辛亥革命后，临时军政府为解决旗人生计、为军政府筹措军饷等问题而人为拆毁变卖造成的。杭州满城是被有计划拆除的典型案例，杭州满城于1911年11月5日和平光复，1912年1月1日中华民国政府在南京成立，浙江军政府遂颁布了"消失旗营计画"，并于1912年2月16日出台了《杭乍旗营善后办法》来具体解决旗营地产、遣散旗人费用问题，随着对旗人发放饷银的兑现，大部分旗人迁徙出营，军政府开始拆卸旗营及城墙，杭州满城便在这一时期基本被拆除殆尽[21]。

辛亥革命爆发后，清廷谕绥远满城将军堃岫"妥速布置，严为防守"，民国元年（1912）包头被阎锡山率领的革命军攻占，为阻止革命军的继续东进，堃岫在刀什尔村（今呼和浩特市土默特左旗的陶思浩乡一带）设防得手，致使革命军试图攻占归绥的计划失败。袁世凯窃取革命果实后，委派北洋军人、二十师师长张绍曾替换绥远原任满族将军，解散八旗驻防，建立绥远特别区，由于辛亥革命期间，此地未发生对抗，绥远满城也未遭到损毁[22]。凉州满城、庄浪满城在辛亥革命之前就已败落，辛亥革命期间并未遭到直接攻击，因此城墙完好，只是城包砖被变卖拆毁，城内也出现为生计拆毁营房现象，这里需要提到的是凉州满城曾经历了发生在民国16年（1927）五月的大地震，导致其城内的房屋尽数被毁[23]。

三、军阀混战、抗日战争及解放战争期间遭受的劫难

尽管辛亥革命让大部分地区的直省驻防城解体，但仍有一些直省驻防城通过和平光复得以逃过拆除的劫难，然而不幸的是这些直省驻防城在随后的军阀混战、抗日战争、解放战争中再次遭受损毁，以至于留下来的大都是些断壁残垣。荆州满城在辛亥革命时期发生了激烈对抗，并在革命军强势攻城火力下被迫议和，于1911年12月撤销驻

防，光复后仅拆卖了荆州满城西侧界墙[24]，而主要的损毁是发生在抗日期间，日军为争夺此地曾对荆州进行大规模轰炸，并在占领荆州后，在荆州满城的东北隅建设临时机场，致使包括"荆州将军府"在内的大量建筑被毁[25]。开封满城在辛亥革命期间也属和平光复的直省驻防城，因此并未遭到破坏，民国成立后，开封满城基本按照民国临时共和政府对逊清的"优待条件"保持粮食和各项俸禄的供给，直到民国11年（1922），西北军阀冯玉祥任河南督军对开封满城采取遣散措施后，驻防城才开始被拆，部分地段后来改为兵营，同时在驻防城内通过拆除原有建筑修建了临时飞机场[26]，致使开封满城被彻底破坏。青州满城是以和平方式解决最彻底的直省驻防城，甚至未被缴械而直接转为国民军事力量，民国14年（1925）被山东军阀张宗昌收编，直到民国18年（1929）才被彻底解散，青州满城在解决旗人生计过程中，驻防城内的衙署及营房逐渐被拆毁蚕食，解放战争时期，围绕青州的战役使青州满城城墙及内部建筑进一步遭到破坏[27]。宁夏新满城是在辛亥革命时期唯一没有被革命军攻破的直省驻防城，民国13年（1924）此处八旗驻防撤销，次年解散满营，民国18年（1929）宁夏新满城的城墙砖被拆除用于建造当时宁夏省主席门致中的官邸，民国24年（1935）时任宁夏省政府主席的马鸿逵以修建飞机场之名驱逐驻防城内居民，强行拆除房屋，致使宁夏满城遭到毁灭性破坏[28]。

　　图2-4为民国元年（1912）《河南省城街道图》，从地图上可以看到位于开封城内龙亭北部的开封满城整体布局并未因辛亥革命的爆发而解体，依然保持着规整驻军兵营的布局；而图2-5为日军在昭和十三年（1938）测绘的《河南开封民国军用地图》局部区域，从地图上可以看到，开封满城的布局已经基本破坏。

四、中华人民共和国成立后城市建设中直省驻防城的境遇

　　有幸躲过无数劫难的少量直省驻防城遗迹，在中华人民共和国成立后的城市建设过程中又开始面临新的挑战。绥远满城较其他直

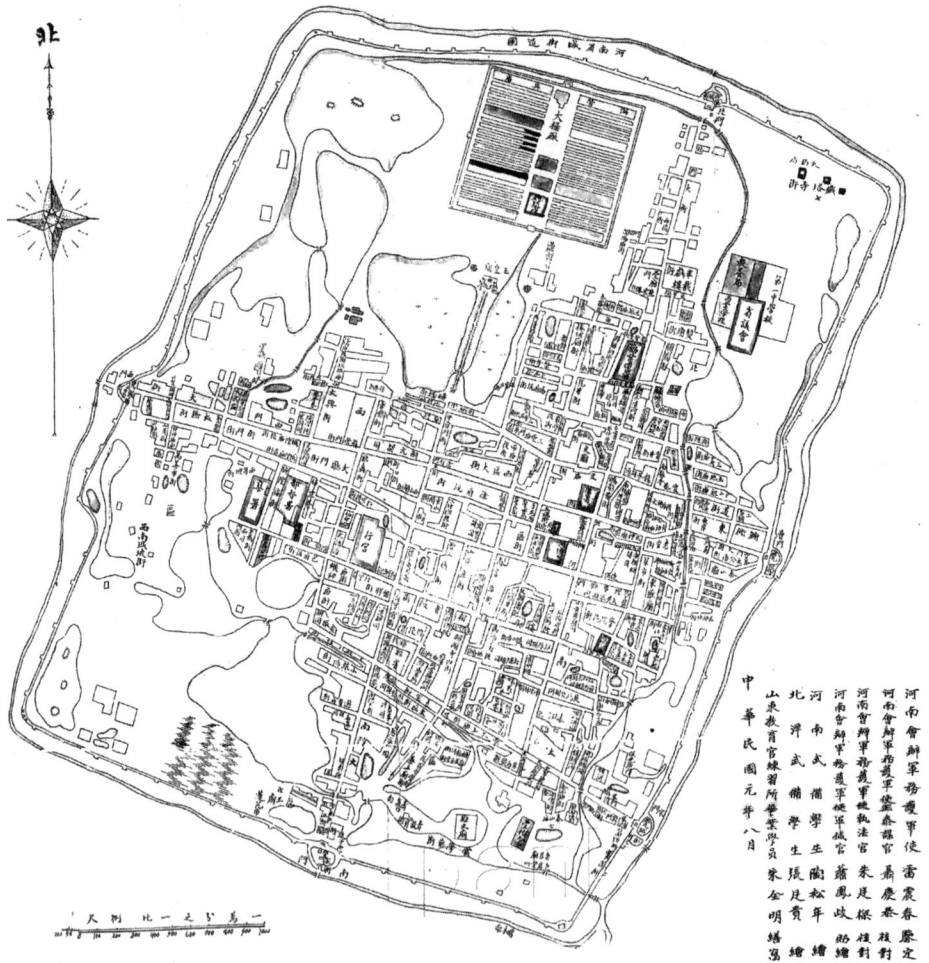

图 2-4　1912 年河南省城街道图

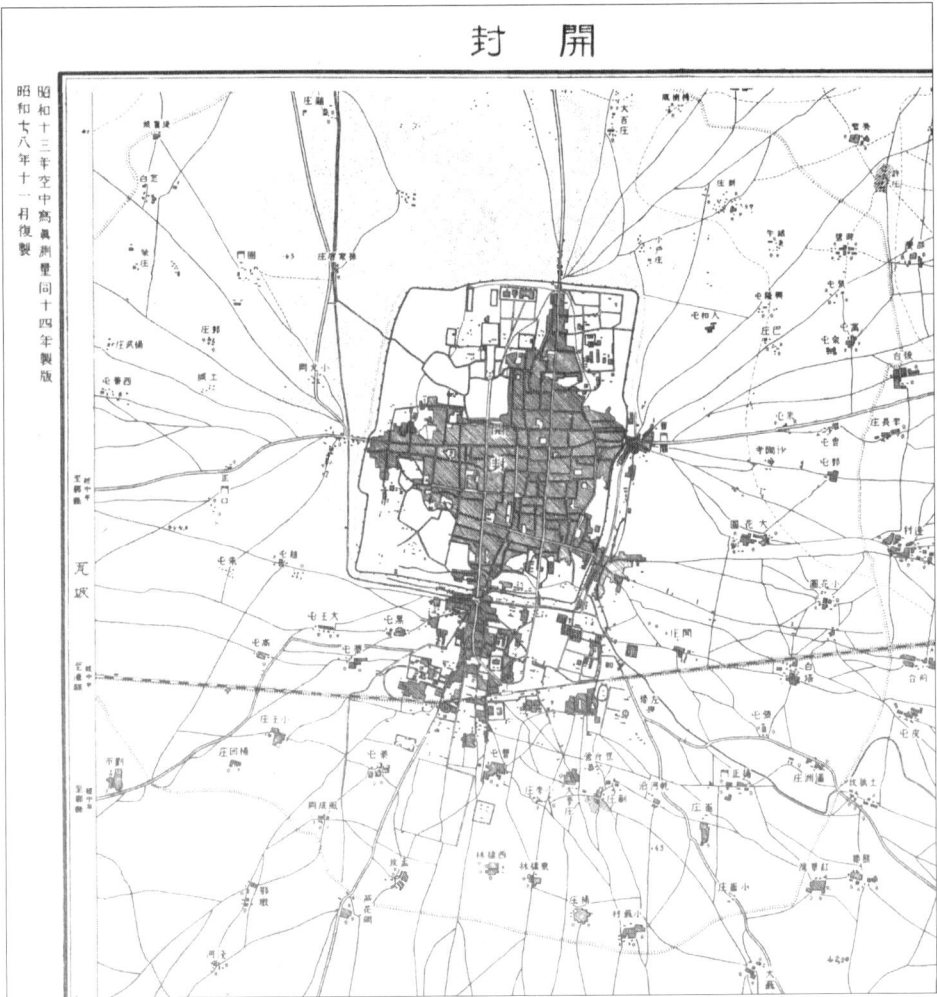

图 2-5　1938 年河南开封民国军用地图局部

省驻防城相对幸运，辛亥革命时期，绥远满城虽经战事但并未被攻破，在民国军事纷乱中也没有受到重大冲击，驻防城的大部分城墙及内部建筑大都在1959年之前的呼和浩特城市建设中被拆毁，所幸绥远满城将军衙署的大部分以及东北隅一段城墙得以保存至今[29]。成都满城的城墙在民国24年（1935）之前就被拆毁，但当时城内军营形制的空间结构及多数营房还都保留完好，尽管在1984年成都制定了《历史文化名城保护发展专项规划》，但遗憾的是成都满城内老街巷及建筑却因道路拓展、危房改造等被逐步拆除，到目前为止，成都满城原有的49条街巷，只剩下宽巷子、窄巷子、井巷子三条街巷以及夹在其中的院落了[30]。无论是宁夏老满城还是宁夏新满城，它们曾经的城墙、城门、将军衙署、营房等实物形态的遗迹已经荡然无存，目前仅存一处与宁夏驻防有关、位于新满城以西的"将军楼"遗迹。这里曾是清末宁夏驻防将军伊尔根觉罗·常连的府邸[31]，民国时被西北军阀马鸿逵所占据，20世纪80年代，这一府邸曾发生火灾，烧毁了大部分建筑，仅留下了残缺的"将军楼"这一建筑实物伫立在土台之上，2016年"将军楼"从西夏区西花园北街与中和巷丁字路口的西侧搬迁至西夏区运材巷的流芳园内[32]。

　　图2-6为民国22年（1933）成都街市图的成都满城所在区域，图中用黑色图框圈住的部分就是成都满城保存的街巷与院落。图2-7为宁夏满城将军楼，左上照片为将军楼未发生火灾前的情景，右上照片为20世纪80年代火灾后残缺的将军楼遗迹，下部的照片为搬迁至流芳园重新修复的将军楼。

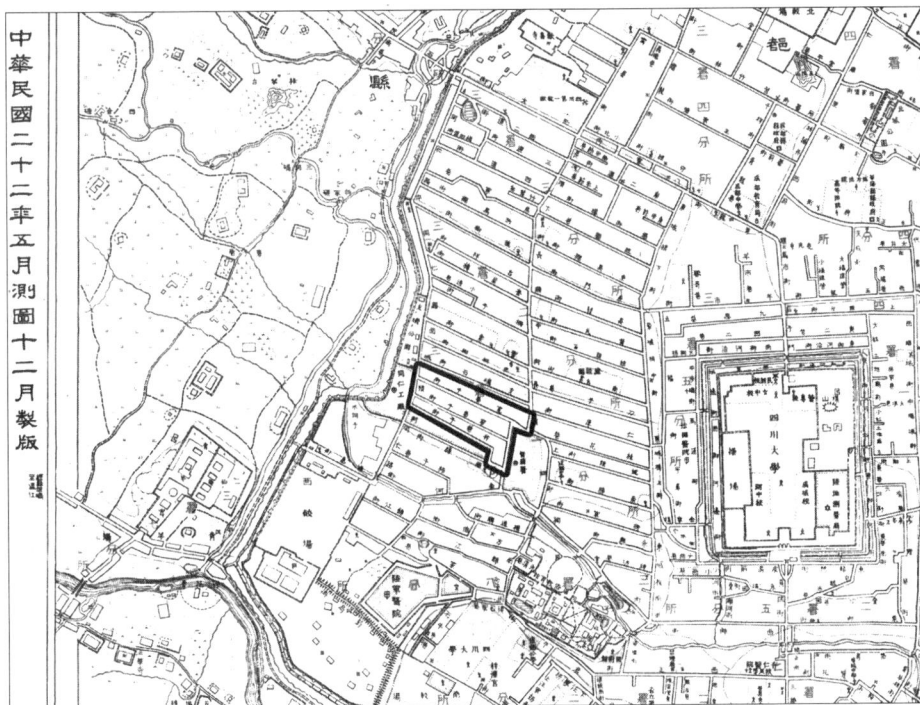

图 2-6　1933 年成都街市图

图 2-7　宁夏满城将军楼

小　结

　　清代直省驻防城的解体是八旗驻防体系衰败的必然结果，鸦片战争及太平天国运动已经动摇了直省八旗驻防的根本，而辛亥革命又充当了催化剂加速了直省驻防城的幻灭，随之而来的军阀混战、抗日战争、解放战争让本已崩溃的直省驻防城进一步瓦解，而所剩无几的直省驻防城历史遗存又在城市改造及建设中几乎消失殆尽。每一座依附城市都蕴含着直省驻防城从建立、发展、衰败的历史，尽管这些直省驻防城随着时代的变迁逐渐淡出了人们的视线，但作为特殊存在的一段历史却深深地融入了依附城市的血脉当中。

参考文献

[1] 定宜庄. 清代八旗驻防研究 [M]. 辽宁民族出版社, 1999年, 第56页。

[2] 中国第一历史档案馆. 雍正朝汉文朱批奏折汇编 [M]. 江苏古籍出版社, 1989年, 雍正三年十月初二日, 第1220页。

[3] 清高宗实录 [M]. 华文书局, 1982年, 卷五百: 乾隆二十年十月癸酉, 第721页。

[4] (清) 张大昌撰, 白辰文点校. 杭州八旗驻防营志略 [M]. 辽宁大学出版社, 1996年, 卷十七: 第14页。

[5] 陈力、张永江. 太平天国屠满问题研究 [J]. 史林, 2014年02期, 第66页。

[6] 陆潮洪. 英勇悲壮的镇江抗英保卫战 [J]. 江苏地方志, 1997年03期, 第8页。

[7] 梁忠实. 檄文经典 [M]. 泰山出版社, 2004年, 第185页。

[8] 近代史资料编辑室编. 太平天国文献史料集 [M]. 中国社会科学出版社, 1982年, 第374页。

[9] 佚名. 清代兴亡史 [M]. 巴蜀书社, 1987年, 第51页。

[10] (清) 蒋启勋等修, 汪士铎等纂. 续纂江宁府志 [M]. 江苏古籍出版社, 1991年, 第64页。

[11] (清) 朱寿朋撰. 东华续录 [M]. 上海古籍出版社, 2008年, 卷四十一: 第616页。

[12] （清）张大昌撰. 白辰文点校. 杭州八旗驻防营志略 [M]. 辽宁大学出版社，1996年，卷十三：第129页。

[13] 徐映璞. 两浙史事丛稿 [M]. 浙江古籍出版社，1988年，第178页。

[14] 续修四库全书编委会. 续修四库全书 [M]. 上海古籍出版社，2002年，皇朝兵制考略卷二：第653页。

[15] 张钫. 忆陕西辛亥革命 [C]. 辛亥革命回忆录. 文史资料出版社，1981年，第173页。

[16] 徐森，谌秉直. 第九镇秣陵起义和江浙联军光复南京亲历记 [C]. 辛亥革命回忆录. 文史资料出版社，1981年，第237页。

[17] 杨琦. 福州于山战役 [C]. 福建文史资料（辛亥革命专辑）. 福建人民出版社，1981年，第78页。

[18] 军机处录副奏折（档号03-7489-058. 微缩号085-0142）[Z]. 北京：中国第一历史档案馆藏。

[19] 叶祖灏. 宁夏纪要 [M]. 正论出版社，1947年，卷三：第75页。

[20] 韩基奭. 直省驻防八旗在辛亥革命时期的反应暨原因 [J]. 满族研究，2014年04期，第64页。

[21] 沈航. 辛亥革命时期浙江军政府对满汉关系的调整 [J]. 温州大学学报，2013年07期，第84页。

[22] 格日乐. 北洋军阀政府与西盟王公会议 [C]. 内蒙古近代史论丛. 内蒙古大学出版社，1991年，第71页。

[23] 武威市市志编撰委员会编. 武威市志 [M]. 兰州大学出版社，1998年，第94页。

[24] 傅恒祺. 荆沙满族的今昔 [C]. 湖北省志资料选编. 湖北省地方志编纂委员会办公室，1983年，第73页。

[25] 蔡荆梅. 探访荆州古建筑之承天寺 [N]. 江汉商报，2014-3-31。

[26] 黄治国. 从驻防满城到里城大院——开封驻防满城的变迁 [J]. 中央民族大学学报，2012年06期，第96页。

[27] 马洪林. 青州满城的崛起与幻灭 [J]. 探索与争鸣，2002年12期，第41页。

[28] 贺吉德. 银川市新满城探述 [C]. 中国古都学会第九届年会论文集，1991年，第167页。

[29] 刘建禄. 将军衙署与绥远城古城墙: 呼和浩特历史文化的文物记忆 [J]. 实践, 2014年09期, 第54页。

[30] 杨春蓉. 治乱兴衰的历史缩影: 论成都满城的变迁 [J]. 西南民族大学学报, 2015年12期, 第232页。

[31] (清) 志锐. 题常冠三都护一览楼 [C]. 宁夏历代诗词集 (五). 宁夏人民出版社, 2011年, 第67页。

[32] 刘旭卓. 将军楼的重生之路 [N]. 银川日报, 报纸日期: 2018-05-09。

第三章 / 清代直省驻防城在其所依附
城市中的历史遗存

　　承载着"建威销萌"使命的清代直省驻防城，尽管在朝代更替、战事纷争、城市改造过程中逐渐淡出了人们的视线，但因其存在而留给依附城市内部的显性及隐性历史遗存却依然丰富着城市的内涵。以实体形式存在的显性历史遗存，是直省八旗驻防独特的历史文化载体和见证；而那些隐性历史遗存虽无法触摸，但却真实地存在于依附城市日常生活的点滴中。

第一节　清代直省驻防城显性历史遗存

一、直省驻防城城墙

　　直省驻防城城墙是清廷落实"旗民分治"政策的产物，也是直省驻防城重要的显性历史遗存。在设立的21处直省驻防城中，修筑了城墙的有15处，但城墙留存至今的直省驻防城并不多，目前城墙保存相对完整的直省驻防城有凉州满城（位于甘肃省武威市）和庄浪满城（位于甘肃省永登县），这两处驻防城城墙之所以能够保留，除了由于中华人民共和国成立后作为独立的军事驻地之外，也与武

威市及永登县的城市拓展相对缓慢有关。凉州满城城周约3.65公里
的城墙、东西城门的半圆形瓮城、驻防城四至的角墩及各边墙上的
马面依然存在，但城墙上的包砖都已不在，城内原有建筑已于民国
16年（1927）受地震灾害影响基本被毁，现今的驻防城内主要为军
队的营房、训练场及士兵日常生活用地；庄浪满城城周约2.15公里
的城墙、北门的半圆形瓮城、驻防城四至的角墩及各城墙上的马面
保持完好，东侧城墙为驻军基地的主要入口，所以重新砌筑了砖墙，
南侧、西侧及北侧城墙以夯土形态呈现，包砖早已不在，驻防城内
原有建筑基本被训练场及士兵日常用地如办公建筑、营房、菜地及
大棚所替代。绥远满城（位于内蒙古自治区呼和浩特市）城墙现仅
存东北隅城墙，其中东墙残存453米，北墙残存245米，总计长698
米，东墙与北墙交角处留有角墩，残存城墙及角墩的包砖仍在。福
州琴江水师驻防城（位于福州市长乐区）在清雍正及乾隆年间共修
建了周长约1.2公里的城墙，光绪年间已经破损严重，1950年因建设
公路拆除大部分城墙，现仅残存"友于草堂"南侧及真武庙北侧不
足百米的旧城墙[1]。至于西安满城、荆州满城及右卫驻防城，由于
在兴建驻防城时，是借用依附城市部分原有城墙围合起来的，因此
尽管城墙存在，但也不作为直省驻防城的显性历史遗存看待。

　　图3-1、图3-2为实地拍摄的凉州满城城墙，由于目前作为军营
使用，城墙的整体结构基本保持完好，但外墙的包砖早已被拆，西
面城墙因军队的使用需求局部进行了加高。图3-3、图3-4为实地拍
摄的庄浪满城城墙现状，四面城墙形制基本保存完好，东面城墙被
重新包砖，其他三面城墙只剩夯土墙体。

二、衙署、营房等相关建筑设施

　　清廷在直省驻防城内部修建了衙署、营房、庙宇、书院等相关
建筑以供驻防八旗兵丁日常使用，尽管这些建筑大部分已经被损毁，
但仍有个别直省驻防城内的一些建筑设施得以保存。福州琴江水师
驻防城是建筑整体格局留存较好的案例，尽管其外部城墙基本被毁，
但驻防城的整体格局没有大的改变，原有的十二条大的街巷只有一

图 3-1　凉州满城城墙现状 1

图 3-2 凉州满城城墙现状 2

图 3-3　庄浪满城城墙现状 1

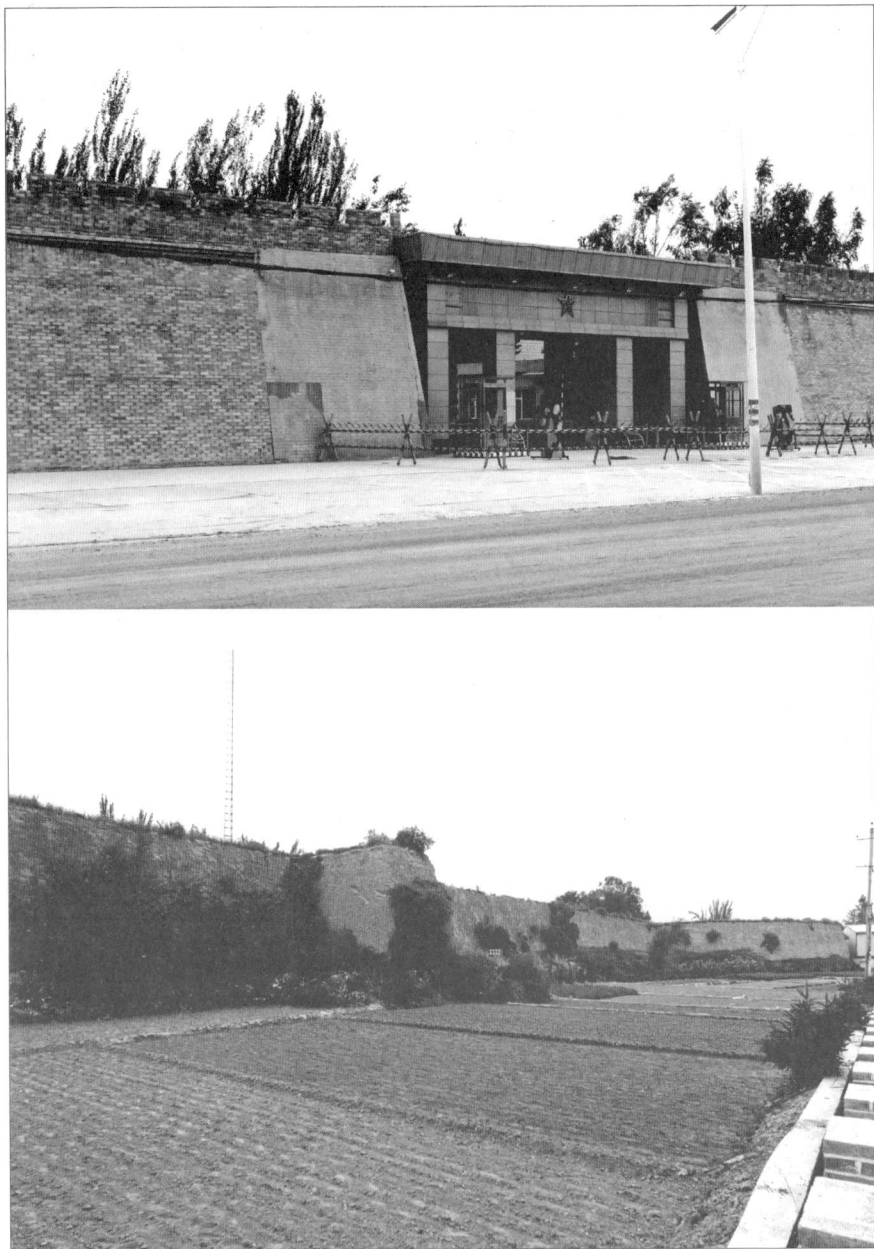

图 3-4　庄浪满城城墙现状 2

条真武街做过改造；城内建筑遗存有将军行辕，现已修复回原来的三进院落，其中第二进院落中留有宣统二年（1910）由单层将军寝所改造的二层楼房；另外福州琴江水师驻防城内还留存着大量营房，以首礼街两侧的营房最为典型；宗教建筑还保留着天后宫、毓麟宫、通天府、佛堂三官殿和观音殿、玄天上帝庙等；另外位于旗营大街上"孝友"牌坊一座保存完好[2]。位于呼和浩特市新城区的绥远满城将军衙署是规模最大的直省驻防城衙署，绥远满城受将军统领，建筑规制很高，现存的绥远将军衙署只是原有建筑院落的局部，经过多次修整，截至2017年7月底，绥远将军衙署保护区占地面积已达2.64万平方米，包括将军衙署主院及东西跨院。尽管绥远将军衙署自民国11年（1922）至今经历了多次改造与修葺，但整个衙署的院落格局未变，另外将军衙署主院的建筑基本保持了原有形态及规制[3]。成都满城（位于四川成都市青羊区）的建筑遗存仅剩下由宽巷子、窄巷子和井巷子三条街巷围成的建筑院落，即被目前人们所熟知的成都"宽窄巷子"。青州满城（位于山东青州市北城村）现留存一栋三开间砖木结构的骁骑校官房，位于青州市满族小学院内；另有位于北城中街后一巷2号的官房一处，位于北城村74号的官房院落，内有北房三间。与宁夏满城（位于宁夏银川市）相关的建筑目前仅存一处占地587.16平方米的"将军楼"遗迹，"将军楼"也称"一览楼"，原坐落在宁夏满城西侧的清末宁夏驻防将军伊尔根觉罗·常连的府邸内，由于20世纪80年代此建筑遭受一次火灾，导致"将军楼"大部分被毁，银川市从城市管理及保护建筑的角度出发，已于2016年将"将军楼"保护性地搬迁至银川市北京西路的流芳园内。右卫驻防城（山西右玉县右卫镇）在乾隆二年（1737）右卫将军迁往绥远城后，驻防八旗兵丁减员，包括将军衙署在内的大量闲置营房被变价拆卖，现仅留有三座仓储建筑，已改为"仓"展厅及右玉写生基地。乍浦满城（浙江平湖县乍浦镇）现留存炮台两处，分别是建于雍正七年（1729）乍浦镇海塘街南端的天妃宫炮台，占地335平方米；以及光绪二十二年（1896年）建造在乍浦镇东南1公里的南湾炮台，占地207平方米。

　　图3-5、图3-6为福州琴江水师驻防城的将军行辕实地考察照片，将军行辕始建于清雍正七年（1729），是福州琴江水师驻防城中用于商议军政事务的场所，也是福建驻防将军来琴江视察水师操演的临时住所，将军行辕原是坐南朝北面向琴江的三进院落，由头进大堂、中进将军寝所、后进杂役居所组成，宣统二年（1910）中进院落改建为二层楼，辛亥革命后，头进大堂坍塌，后进被日军破坏，目前已将头进和后进院落及相关建筑重建，使将军行辕恢复了原有布局。图3-7、图3-8为绥远满城的将军衙署实地考察照片，作为目前现存规模最大、保存最为完整、等级最高的衙署建筑群，由左、中、右三部分组成，占地面积2.64万平方米，现存清代建筑遗存有照壁、府门、东西倒座、仪门、大堂、折房、文秘处、官房、印房、二堂、箭亭、客厅、三堂东厢、西厢等。

三、碑刻造像等相关文物

　　除了与清代直省驻防城相关的建筑外，一些与直省八旗驻防有关的碑刻造像也是直省驻防城重要的显性历史遗存。青州市满族小学目前还留有一通"清朝八旗驻防城骁骑校衙门建造碑"，记述了青州满城骁骑校衙门建造的具体时间；另外，青州博物馆的石刻艺术陈列室展陈着"钞刻江苏镇江府建立青州驻防忠烈祠碑"和"镇江死难烈士敕建昭忠祠碑"两通石碑，见证了青州满城的八旗兵丁在道光二十二年（1842）第一次鸦片战争中参加镇江抗英保卫战的英烈事迹[4]。呼和浩特将军衙署博物院收藏着原镶嵌于绥远满城南北城门上方的城门石匾两块，分别为"承熏门"石匾和"镇宁门"石匾；同时绥远将军衙署博物院还收藏着一通称颂清代绥远城驻防将军的"御赐绥远城将军固山贝子德勒克多尔济墓碑"；呼和浩特博物馆收藏有"绥远城浚濠种树碑记"的断碑两截；新城区太清宫收藏"重修绥远北门城楼碑记"石碑一通；另将军衙署门前留有石狮一对，将军衙署影壁上镶有"屏藩朔漠"石匾一块。南京八卦洲街道办事处存有一通"清兵屯田碑"石碑，碑文记述了八旗兵丁在江宁满城驻防时屯田的情形及乾隆时期八卦洲的地理状况[5]。

图 3-5　福州琴江水师驻防城将军行辕 1

图 3-6 福州琴江水师驻防城将军行辕 2

图 3-7　绥远满城将军衙署 1

图 3-8　绥远满城将军衙署 2

图3-9为纪念青州八旗兵丁参加镇江保卫战的两通石碑；图3-10为陈列在绥远满城将军衙署内的"承熏门"和"镇宁门"两块石匾。

四、直省驻防城城门遗址

驻防城城门遗址也是直省驻防城在其所依附城市中存在的历史见证，目前除凉州满城及庄浪满城因军队戍卫使得城门基本得以保存外，其余直省驻防城的城门也都随着城墙的拆除而不复存在，所幸的是有些直省驻防城的城门遗址仍可在其依附城市中得以辨识，并作为城市中的历史时空节点被标注出来。宁夏满城原有四座城门遗址被明确地标注在银川市金凤区辖区内：奉训门旧址（东门）位于金凤区新城上海路与满城北街交会处；严武门旧址（西门）位于金凤区新城上海西路新平巷口东侧；永靖门旧址（南门）位于金凤区新城福州北街与北京路交会处北侧；镇朔门旧址（北门）位于金凤区新城福州北街与周城巷交会处。绥远满城的阜安门（西门）也被标注在呼和浩特市新城区新华大街与中山东路交会处。另外类似于杭州西湖畔的涌金门、钱塘门、清波门，虽曾作为杭州满城城门，但并非是因直省驻防城的出现才修建的，故此三处不被列为驻防城城门遗址范畴。

图3-7左下角是宁夏满城永靖门城门遗址标识，设立时间为2010年12月。

镇江府青州驻防忠烈祠碑

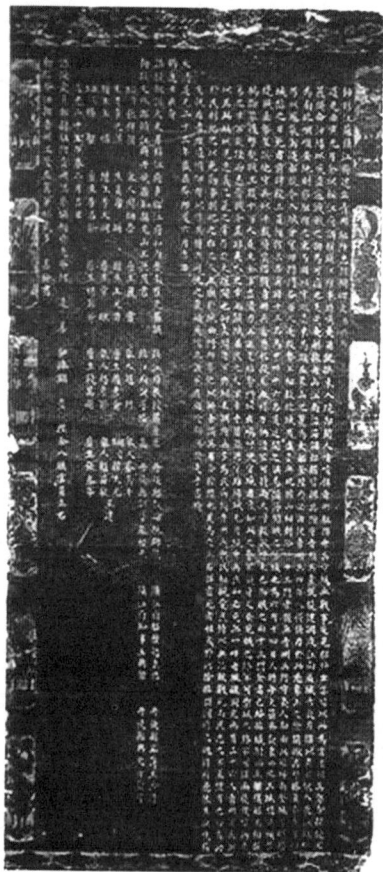

青州府旗城昭忠祠显忠碑

图 3-9 青州满城两通碑文

图 3-10　绥远满城两块城门石匾

图 3-11 宁夏满城永靖门遗址

第二节 清代直省驻防城隐性历史遗存

尽管许多清代直省驻防城在经历了诸多磨难之后，虽未给其所依附城市留下只椽片瓦，但却将一些不易察觉的隐性历史遗存深深地印在了其所依附城市的道路体系、街区肌理、街巷名称内，抑或是渗入了依附城市日常生活中的点滴。

一、道路体系特征

城市道路系统的形成既受自然环境制约，也会受到突发事件的影响，清代直省驻防城作为突发历史事件的出现，就给其所依附城市道路系统特征的形成带来了一定的影响。从地图上可以明显看出呼和浩特城市的主干道并非正南正北，而是呈现正南偏东的倾斜特征，这一道路体系特征就是由于绥远满城在兴建之初选择了"壬山丙向"坐向产生的结果[6]，"壬山丙向"导致了绥远满城内部南北干道呈正南偏东、东西干道正西偏南，而后期呼和浩特在城市拓展过程中也沿用了绥远满城的这一坐向方位，从而使整个城市道路体系呈现正南偏东的特征；另外，在呼和浩特相对规整的正南偏东道路体系中出现了一条从西南向东北倾斜、长约2.3公里的主干道（中山路），这条主干道产生的原因则是在城市形态演变过程中，为了连接呼和浩特旧城（归化城）北门与新城（绥远满城）西门而形成的。

银川市城区内存在着两种不同走向的道路体系，金凤区（宁夏满城所在区域）干道朝向基本为正南正北方向，兴庆区（银川旧城所在区域）干道朝向却是正南偏西，银川城市两种道路体系特征明显与宁夏满城（特指新满城）的兴建有关：兴庆区是在兴庆府（银川旧城）基础上发展起来的，所以沿袭了兴庆府建城时原有的正南偏西的道路走向；而金凤区是在宁夏满城基础上发展起来的，所以延续了宁夏满城正南正北的道路走向，同样西夏区是由宁夏满城向西拓展而成的，因此也沿袭了宁夏满城正南正北的道路走势。

图 3-12 为呼和浩特道路体系特征图，从图上可以看出，正是绥远满城被设置在归化城东北五里，两城位置相错，导致了连接两城的中山路出现了倾斜，构成了呼和浩特城市道路体系的重要特征。

二、突变街区肌理

八旗驻防特有的组织结构让清代直省驻防城内部呈现规则的街区肌理，从而有别于其所依附城市自组织产生的不规则街区肌理，因此当直省驻防城一经建立，由其构成的街区肌理就会在其所依附城市内留下独特的印迹。位于成都市城西青羊区内有一处街区肌理明显不同于整个成都城市肌理，这处街区由一条弯曲的南北道路（长顺上街——长顺下街）贯穿，道路两侧是间距分布均匀的东西向街道，构成了蜈蚣状的街区肌理，这就是康熙六十年（1721）兴建的成都满城留给成都城市的隐性历史遗存。为了加强对西安这一西北军政要地的掌控，顺治二年（1645）清廷在当时西安明城内的东北隅修建了西安满城，西安满城内部除设置了"将军署"、"左右翼署"等大型建筑院落外，依据营房配置标准也修建了供八旗兵丁居住的营房，这些按照棋盘式排列的驻防营地的街区进深尺度保持在 30～60 米之间[7]，每个街区安排两排及四排营房不等，形成了形式规整、尺度密集的街区形态。这一独特街区肌理的存在不但给民国 17 年（1928）的西安新市区（原西安满城所在地）规划提供了依据，也为后期在此形成人口密集的棚户区埋下了伏笔，时至今日，此处仍为住户密集的街区，成为西安目前街区改造的重点。

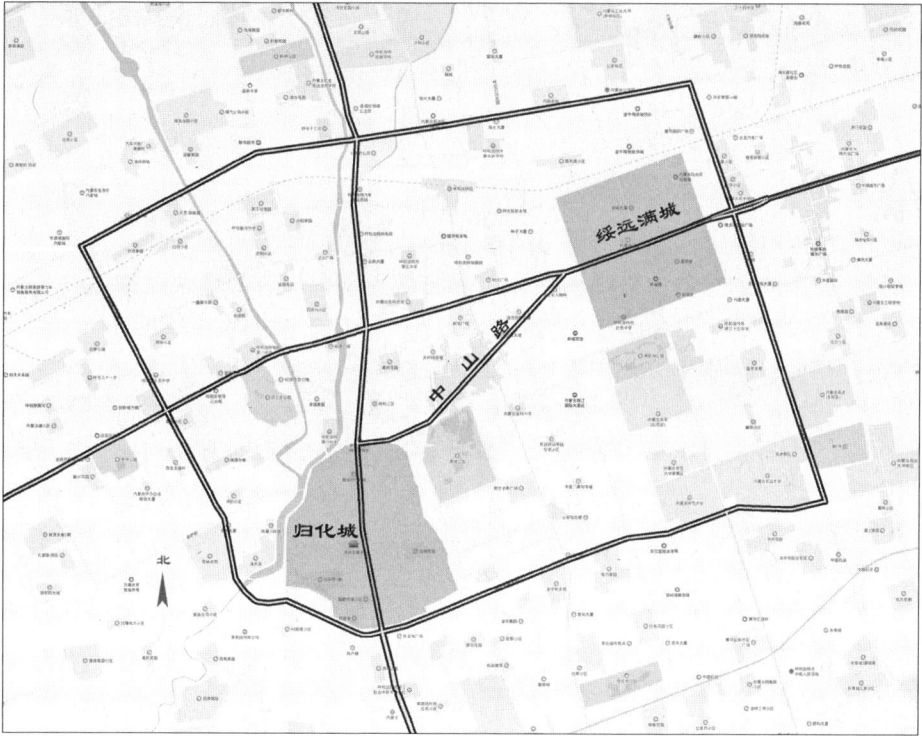

图 3-12　呼和浩特城市道路体系特征

　　图3-13为民国6年（1917）《中国新舆图》中的成都街道图，从图中可以清楚地看出位于成都城市西隅类似蜈蚣状的街区即为成都满城范围，用界城与成都城市其他区域隔离；图3-14是在百度地图上截取后绘制的成都满城肌理图，为了将成都满城留在成都市的隐性历史遗存得以呈现，用粗线勾出了成都满城街区肌理，除了20世纪80年代末将东城根街改造成为直线外，原有的突变街区肌理基本得以留存。

三、封闭地块轮廓

　　建在依附城市内部的清代直省驻防城，尽管在朝代更迭、战事交替及城市改造过程中逐渐消失，但驻防城内一些原有的地块轮廓却依稀可辨，成为另一类的隐性历史遗存。在成都宽窄巷子入口广场东有一处封闭地块，它让贯穿南北的长顺街在此被迫分为东西两条路，与蜀都大道相接，现被金河宾馆、露天停车场及一些住宅楼所占用，由于宽窄巷子改造过程中加建了广场，使得地块的封闭相对弱化，这一封闭地块就是成都满城将军衙署留在城市中的历史遗存。西安满城内也曾存在着一处较大的被道路封闭的地块，目前被陕西省政府、新城广场所占用，这是西安满城八旗教场留下的印迹（明代为秦王府所在地）。另外广州驻防城将军衙署所占封闭地块也清晰可辨，即六榕路以东、解放中路以西、迎宾路以南、中山六路以北。除了一些驻防城内衙署、教场、营房等建筑群落形成的地块轮廓，个别驻防城的整体轮廓在城市形态中也能够清晰可辨，例如从银川市金凤区的区域地图上就能看出宁夏满城的整体轮廓：满城北街为东城墙；西门巷、新平巷一线为西城墙；北京中路为南城墙；周城巷为北城墙。

　　图3-15为西安满城八旗教场封闭地块图，从百度地图上截取西安鼓楼东北隅区域，与1893年西安省城图对比，可以明显看到原作为西安满城八旗教场的长方向封闭地块，在现今的西安城市中仍然存在，即从陕西省政府南门向北至西五路之间的长方形区域。

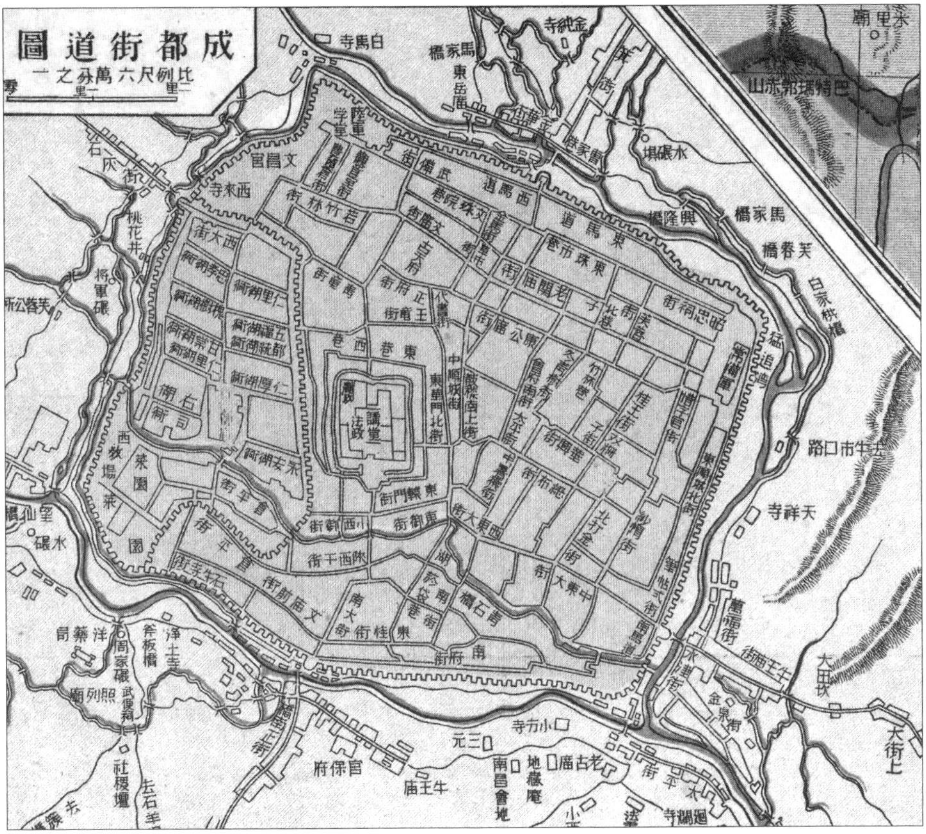

图 3-13　1917 成都街道图

图 3-14　成都满城肌理图

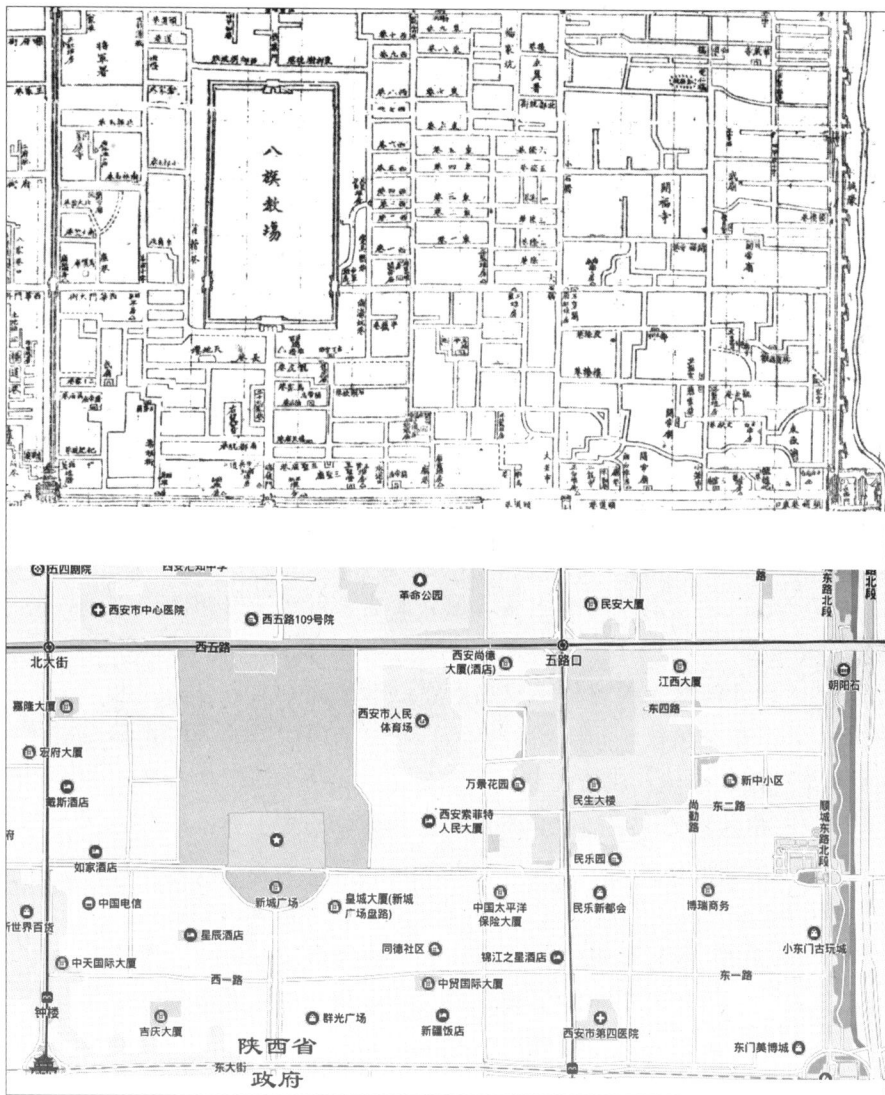

图 3-15　西安满城八旗教场封闭地块图

四、军事街巷名称

存在于依附城市中的驻防城街巷名称同样具有重要的历史文化价值，是清代直省驻防城隐性历史遗存的重要组成部分，很多依附城市内目前仍沿用着直省驻防城曾经使用的街巷名：如德州（德州驻防城）的小营胡同、校场口、新营街等；镇江（京口驻防城）的小营盘、将军巷、南府巷等；南京（江宁满城）的后标营路、马标、三十四标等；广州（广州驻防城）的八旗二马路、箭道巷、马场地等；福州（福州驻防城）的旗汛口、蒙古营、将军前；右卫镇（右卫驻防城）的将军园巷、黄旗庙街。

五、满族历史风貌

尽管有些依附城市内的驻防城显性遗存早已不在，但因设置直省驻防城而得以留存的习俗方言却仍存活在依附城市的日常生活中。操着"旗下话"、"京腔"的满族后裔聚族而居，形成了青州的"北城村"、开封的"里城大院"、南京的"尚书里"、杭州的"十八间"等。直省八旗驻防旗人的习俗不只局限在以满族聚集的方言岛，也深深地渗入了整个依附城市生活的点滴：岭南地区流行的"广式满洲窗"，是广州驻防城八旗传统窗式与当地气候相适应所形成的窗式变体[8]；福州独特的珠妈庙文化是满族萨满信仰与本土巫术结合的产物[9]；荆州当地喜食"白酥肉"、"八宝饭"、"酥黄雀"等菜肴的饮食习惯就是来自驻防八旗的食谱[10]；呼和浩特地区汉族婚礼留给女方家"离娘肉"的礼数也是源自满族古老的风俗。依附城市内遗存的满族方言及习俗不仅丰富了城市的文化内涵，也为城市特色的营建提供了历史依据。

图 3-16 为百度上截取的开封城市局部，粗线框住的部分是开封满族聚集地"里城大院"，此为原开封满城的一部分，左边紧邻开封人民体育场。图 3-17 两张实景照片为目前开封市"里城大院"的现状。

图 3-16　开封里城大院 1

图 3-17　开封里城大院 2

第三节　清代直省驻防城历史遗存研究及保护意义

一、直省八旗驻防的实证

　　清代直省驻防城是直省八旗驻防的载体，其所留下的显性及隐性历史遗存是驻防八旗存在的见证，通过梳理、归纳这些历史遗存，有助于在史料分析基础上为八旗驻防相关问题的研究提供实证。

二、城市特色营造的依据

　　清代直省驻防城历史遗存承载着城市曾有过的一段历史，是城市一笔难得的历史文化遗产，对其进行有效保护，进而采取修复性创新设计，将直省驻防城的历史文化展现在城市中，有助于城市特色的营造。"宽窄巷最成都"，成都满城有幸遗留的三条街巷成了成都的城市名片；绥远满城的将军衙署作为清代边疆驻防建筑群落的典范，是呼和浩特城市重要的旅游胜地；而作为活态保留下来的福州琴江水师驻防城，不仅是景点，更是一处满族人寻踪的目的地，通过对城市原有的历史文化遗产进行挖掘并利用，有利于城市特色的营造。

　　图3-18为成都满城的宽窄巷子，目前已成为游人到成都必去的景点，在成都四个历史文化街区中（宽窄巷子、文殊院、大慈寺、

水井坊），宽窄巷子的改造以其原真性的保护理念成了新时期成都的
文化名片。早在20世纪80年代，宽窄巷子就已被列入了《成都历史
文化名城保护规划》，由宽巷子、窄巷子和井巷子三条平行排列的街
巷及其围合的院落群组成的宽窄巷子历史文化街区规划控制面积479
亩，其中核心保护区108亩，2008年6月改造完成对外开放后得到一
致好评。这一直省驻防城历史文化遗产保护的成功之处在于不仅将
清代的街巷、院落、建筑、饰品尽可能地呈现出原真状态，而且还
将"少城"地区所特有的风貌传承下来，使其更具活力。

三、提供城市新区建设经验

清代直省驻防城是强行置入城市中的军事驻防空间，它的出现
打破了城市原有的自组织演变状态，让城市形态演变进程发生了突
变，通过分析清代直省驻防城的存在对其所依附城市形态演变产生
的作用并总结规律，有助于今后在城市规划时预测新区建设对城市
发展的影响，从而为制定出有利于城市发展的新区建设方案提供科
学依据。

小　结

清代直省驻防城的历史遗存已不可再生，更不该消失在城市拓
展的进程里，将这些珍贵的显性及隐性历史遗存进行挖掘、梳理，
再以修复性创新设计形式加以传承，使城市的历史文脉得以延续，
还一份相对完整的记忆给城市，这也许就是研究清代直省驻防城历
史遗存及保护的意义所在。

图 3-18 成都满城的宽窄巷子

参考文献

[1]　赖晨. 福建琴江村：控制马江的清代水师旗营 [N]. 云南政协报，
　　　2017-6-16。

[2]　朱永春. 福州琴江水师旗营建筑类型及制式研究 [C]. 建筑历史与理论
　　　（2008年学术研讨会论文选辑），2008年，第93页。

[3]　斯钦布和. 内蒙古绥远城将军衙署的历史、现状、规划及价值 [N]. 中
　　　国文化报，2013-11-25。

[4]　马洪林. 青州旗城的崛起与幻灭 [J]. 探索与争鸣，2012年12月，第
　　　39页。

[5]　王刚，夏维中. 清中前期江宁八旗驻防新探——以档案史料为中心 [J].
　　　江苏社会科学，2014年01期，第251页。

[6]　军机处录副奏折（档号03-0984-007，微缩号069-0032）[Z]. 北京：中
　　　国第一历史档案馆藏。

[7]　梁江，沈娜. 西安满城区城市形态演变的启示 [J]. 城市规划，2005年
　　　02期，第64页。

[8]　曾娟. 广式满洲窗起源、装饰及构造技艺解析 [J]. 装饰，2012年11期，
　　　第93页。

[9]　麻健敏. 清代福州满族萨满信仰与本土巫文化的结合 [J]. 中央民族大学
　　　学报，2007年01期，第54页。

[10]　潘洪刚. 清代驻防八旗与当地文化习俗的互相影响 [J]. 中南民族大学学
　　　报，2006年03期，第59页。

第四章 / 清代直省驻防城对其所依附城市形态演变作用分析

　　清代直省驻防城是清廷有计划地强行置入各行省的军事驻防空间[1]，它的兴建、发展、衰败在一定程度上对其所依附城市形态演变产生了一系列影响，本章以21处直省驻防城的实地调研及相关文献资料为依据[2]，对清代直省驻防城在其所依附城市形态演变过程中所起作用进行分析。

第一节　清代直省驻防城的布局类型

　　依据清代直省驻防城与其所依附城市的位置关系，可以将直省驻防城的布局大体分为两类，一类是位于其所依附城市内部的直省驻防城，这类直省驻防城往往是利用依附城市的原有设施如城墙、官署、民宅等设施建立起来的，清廷早期建立的直省驻防城大部分属于这一类型；另一类是建在其所依附城市外围的独立驻防城，雍正朝以后兴建的直省驻防城大部分属独立驻防城。

一、位于其所依附城市内部的直省驻防城

清顺治、康熙年间建立的直省驻防城基本都是在其所依附城市的内部营建，之所以建在城市内部主要是从军事战略及经费投入的角度考虑，由于可以依托城市内部原有的建筑设施及战乱遗存的空地，使直省驻防城得以快速建立并发挥驻防作用。位于其所依附城市内部的直省驻防城又根据是否修筑界墙而分为两类，其一是修筑界墙的直省驻防城，如西安满城、杭州满城、江宁满城、太原满城、荆州满城、开封满城、成都满城、乍浦满城；其二为未修筑界墙的直省驻防城，如广州驻防城、福州驻防城、京口驻防城、德州驻防城、归化驻防城；另右卫驻防城是突发战事导致的临时驻防，因此非但没有修筑界墙，连八旗兵丁的驻防营址也比较分散。

图4-1～图4-8分别是建有界墙的西安满城、杭州满城、江宁满城、太原满城、荆州满城、开封满城、成都满城、乍浦满城在目前依附城市内部原界墙范围示意图，其中图4-4的太原满城界墙范围示意图中有两处驻防城标注，这是因为太原曾存在过新老两个驻防城，太原老满城位于太原城内的西南隅，太原新满城位于太原城内的东南隅。

二、位于其所依附城市外围的直省驻防城

随着清廷社会稳定、经济繁荣、国库充盈，在兴建直省驻防城时，为了减少八旗兵丁给地方带来的骚扰以及解决因"生齿日繁"带来的旗人生计问题，在雍正朝及之后兴建的直省驻防城大都设置在其所依附城市的外围，这类直省驻防城有宁夏满城、潼关满城、青州满城、绥远满城、凉州满城、庄浪满城，另外还包括福州琴江水师驻防城。

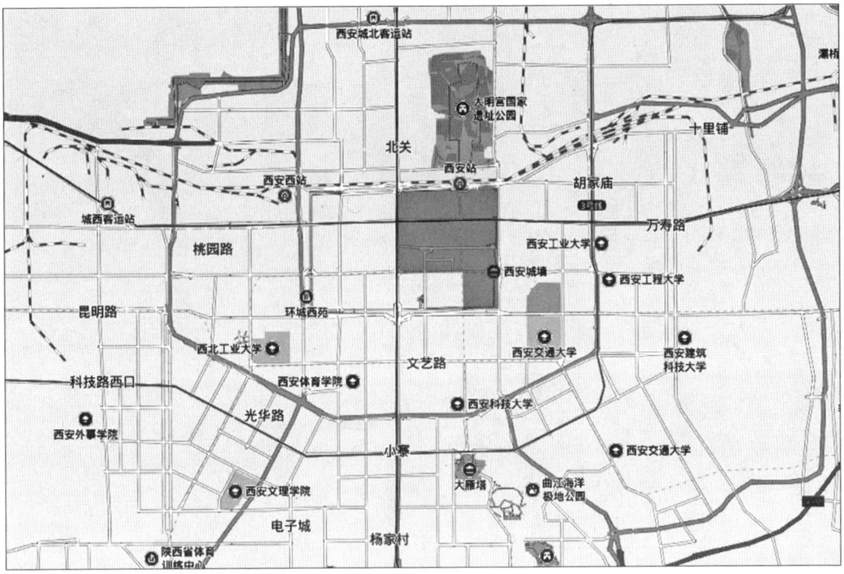

图 4-1　西安满城界墙范围示意图

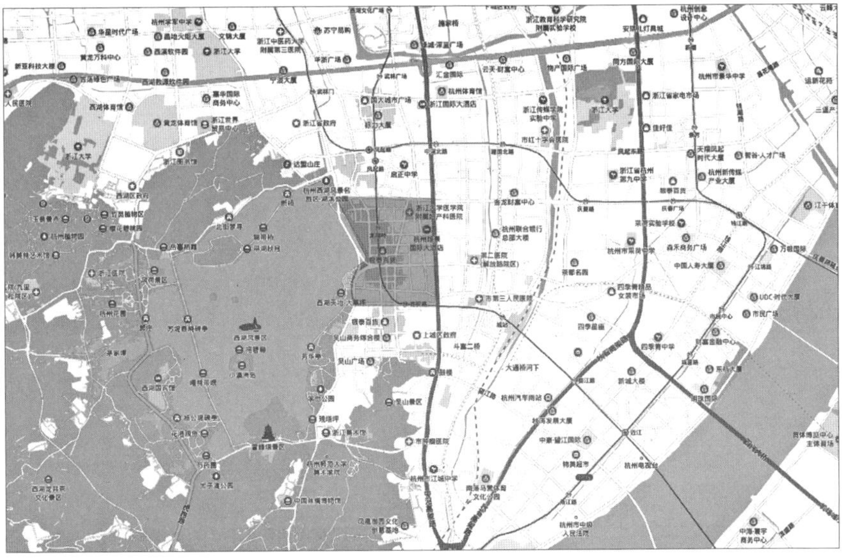

图 4-2　杭州满城界墙范围示意图

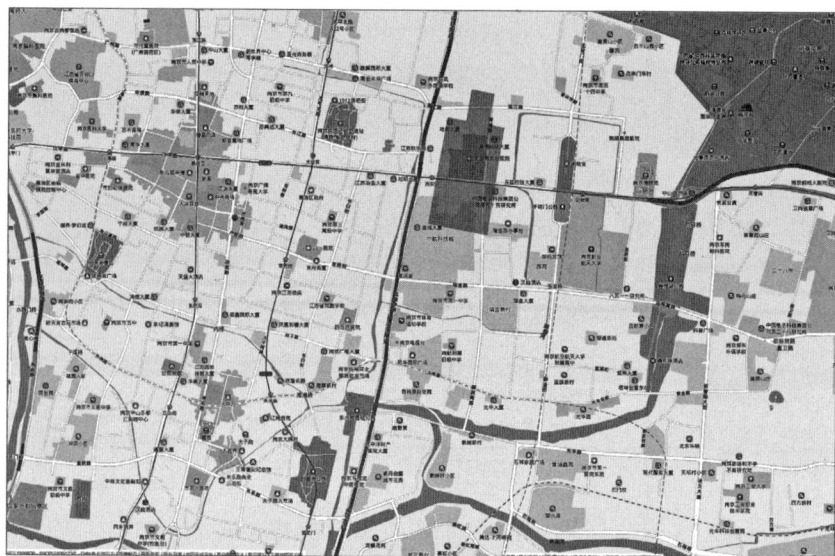

图 4-3　江宁满城界墙范围示意图

图 4-4　太原满城界墙范围示意图

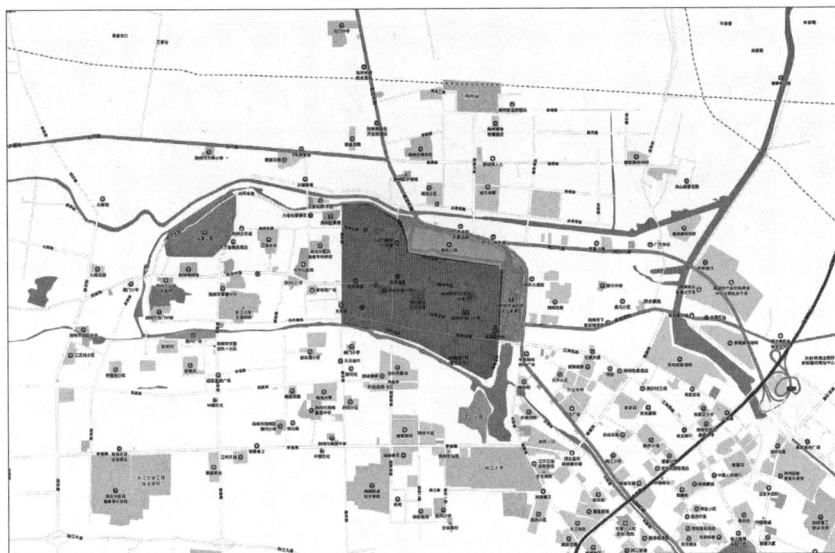

图 4-5 荆州满城界墙范围示意图

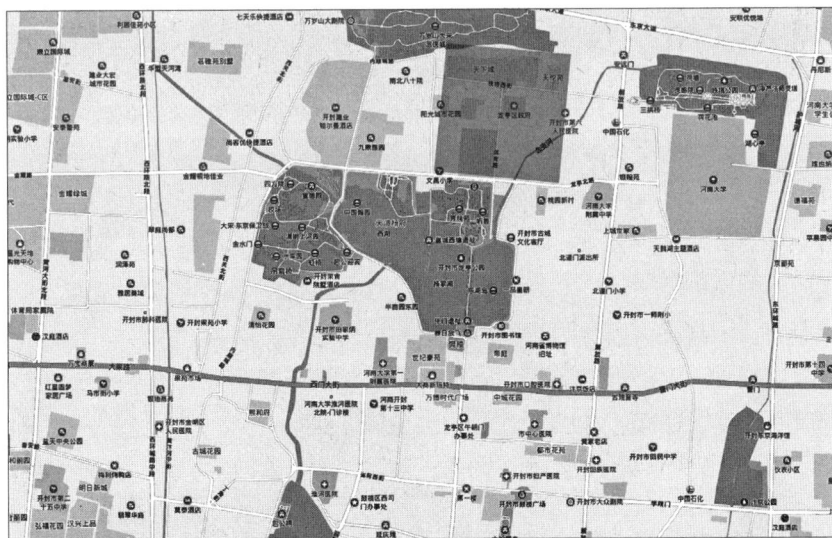

图 4-6 开封满城界墙范围示意图

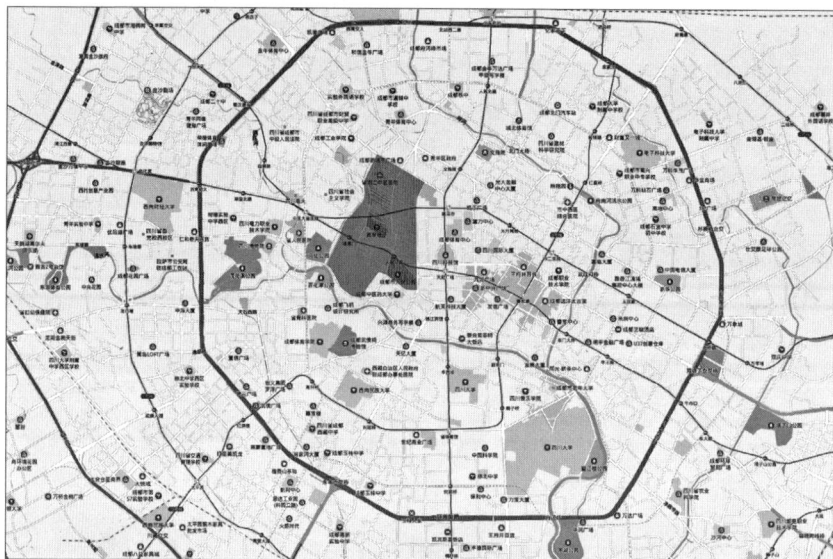

图 4-7　成都满城界墙范围示意图

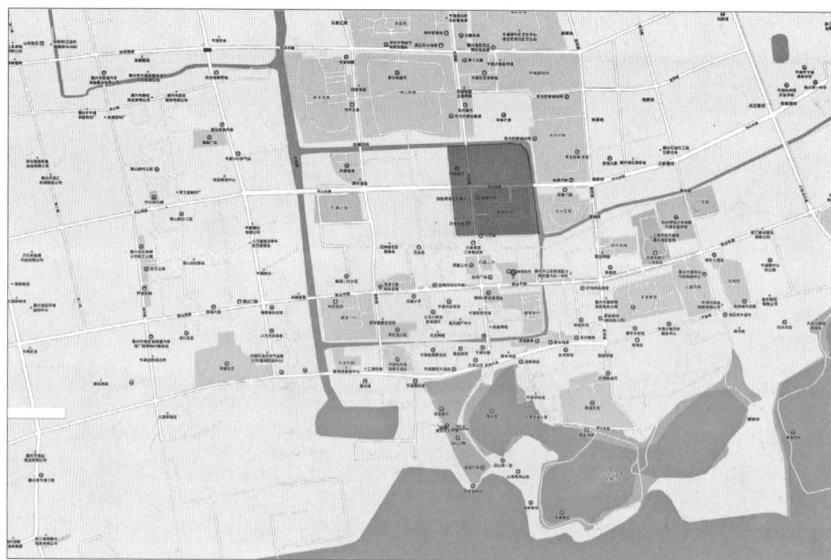

图 4-8　乍浦满城界墙范围示意图

第二节　清代直省驻防城对其依附城市形态演变的影响

除了一些规划干预的城市，多数城市都会以自组织形式进行形态演变，这种演变形式遵从一定渐进规律，尽管缓慢但相对稳定。然而，一些突发事件会干扰城市自组织形式的演变，清廷在各行省设置的直省驻防城就属于突发事件，它的建立、发展、衰败过程让其依附城市形态演变偏离原有渐进形式，从而影响了城市形态演变进程。

一、促成其所依附城市"双核并置"的发展格局

城市在其形态演变过程中通常会围绕一个城市生长核心展开，这一城市生长核心可能是一片水域、一座庙宇、一个集市等具有持续吸引力的场所，由于此场所可以给居住、交易带来便利，因此能够吸引周边人口来此定居形成聚落，并逐渐发展为城市，如果没有重大突发事件干扰，城市形态演变规律往往是以到达这一城市生长核心的最便捷路径为基本依据。清廷建立的一系列直省驻防城作为突发事件，削弱了其所依附城市原有的生长核心，从而形成"双核并置"的城市发展格局。

清廷先后在宁夏府城周边设置过新旧两座驻防城，清雍正二年（1724）在宁夏府城（位于今银川市兴庆区）东北五里设立的宁夏旧

满城，于乾隆三年（1738）毁于地震，清廷遂于乾隆四年（1739）在距宁夏府城以西十里处复建宁夏新满城[3]（位于今银川市金凤区）。在宁夏新满城建立之前，银川的城市生长核心一直围绕着宁夏府城进行，宁夏新满城建立后，尽管在一定时期内以独立军营的形式存在，但随着八旗兵丁的进驻，驻防城带来的巨大消费让大量人口向这一区域靠拢，加之宁夏新满城周边又兴建了校场、演武厅及一些宗教建筑，给宁夏新满城向外拓展奠定了基础，并最终让宁夏新满城作为新的城市生长核心与宁夏府城一起构成了"双核并置"的城市发展格局。从今天银川市的城市地图上可以明显看到，银川的三个市区是由东部的兴庆区、中部的金凤区和西部偏北的西夏区构成，其中兴庆区即是原来宁夏府城所在的位置，金凤区是在宁夏新满城原址基础上向四周拓展形成的，至今我们在金凤区地图上仍可找到宁夏新满城原有的区域范围：满城北街以西，北京中路以北，通达北街以西，惠新巷以南。而就目前在兴庆区、金凤区之间仍存在大面积未建设的空地来看，这种"双核并置"的城市发展格局仍在银川城市形态演变进程中发挥着作用。

图 4-9 为宁夏新满城银川城市位置示意图，从图上可以看到宁夏新满城位于现今银川火车站的东南方向，图右下方为原宁夏府城所在位置。

"双核并置"的城市发展格局在呼和浩特市城市形态演变过程中同样存在。自明隆庆六年（1572）俺答汗在土默川建立起归化城[4]，归化城就围绕着位于扎达盖河东岸的宫殿这一城市生长核心不断向四周扩展，归化城虽在明崇祯五年（1632）清太宗与林丹汗的战乱中遭到破坏，但战后归化城的重建以及康熙三十年（1691）的城市扩建仍以原有宫殿为生长核心向外拓展[5]。乾隆二年（1737），为防范漠西准噶尔部的叛乱以及控制西北及漠北蒙古诸部，清廷在归化城东北五里处修建了绥远满城，绥远满城的出现，使得呼和浩特的城市形态演变逐渐形成绥远满城与归化城"双核并置"的城市发展格局。到了民国 2 年（1913）绥远特别行政区设立，为了便于新旧两城联系，在归化城北门到绥远满城西门之间开辟了一条中山路[6]，这条明显倾斜的中山路就是"双核并置"发展格局留在呼和浩特城市形

图 4-9　宁夏新满城银川市区位置示意图

态演变中的印迹。

二、调整其所依附城市原有的城市生长轴线

如果说城市生长核心为城市拓展提供了源动力，那么城市生长轴线则是在城市生长核心与城市外围吸引点共同作用下形成的城市拓展方向和轨迹。城市生长轴线通常以城市生长核心为依据进行线性或环状自然拓展，城市生长轴线是否稳定取决于城市生长核心能否保持足够的吸引力，一旦城市外围出现更具吸引力的生长点时，城市生长轴线将会偏离原有的拓展轨迹，而按照新的城市生长轴线进行城市拓展。

绥远满城的兴建，除了让呼和浩特城市形态演变出现了"双核并置"的发展格局外，也改变了呼和浩特的城市生长轴线，它让呼和浩特城市由原有南北向城市生长轴线最终转变为东西向城市生长轴线。自俺答汗建立归化城（呼和浩特旧城区）伊始，城市就依照南北向城市生长轴线（归化城的大南街——大北街——通道街）进行拓展，并持续了近350年，最初产生南北向城市生长轴线的原因有三：其一，归化城所赖以生存的水源扎达盖河的南北流向对生长轴线起着重要的导向作用，发源于大青山的扎达盖河自北向南从归化城西流过，逐水而居的聚落必然会沿大致南北走向的河道分布；其二，清廷在归化城南广建召庙，借推崇黄教来强化对归化城的统治，城南召庙的存在使得归化城的周边人口及商业向南聚集，形成城区南扩趋势；其三，归化城向北远可通往大青山后的武川，近可至城北公主府，这也是影响城区沿南北城市生长轴线向北延展的重要因素。民国2年（1913）归化城与绥远满城连通后，绥远满城以其强劲的生长动力逐渐成为呼和浩特城市拓展的主导核心，围绕归化城的南北向生长轴线随之削弱，代之以沿"新华东街——新华大街——新华西街"一线的东西向城市生长轴线，这个东西向城市生长轴线一经确立，呼和浩特城区的扩展以及基础设施建设便随之进行调整，如呼和浩特白塔机场、如意开发区的选址，呼和浩特东站、城西金川开发区的建立，都充分地体现了这一东西向城市生长轴线的作用。

当然呼和浩特北部的大青山脉及110国道的东西走向，也为东西向城市生长轴线的形成提供了支撑。

同样的案例是青州满城，建立于清雍正八年（1730）青州满城选址在古东阳城以北，距青州府城北五里的地方[7]，青州满城南北长896米，东西长768米，现今位置约为：东界为北城东街，西界为驼山中路，南界约在北城东二街前十六巷，北界目前已无具体道路与之对应，大致位置在"旗风居小区"北部边界位置，旗城路和北城中街的交叉口为青州满城的原中心位置所在。青州满城的建立让青州市的城区不限于沿范公亭路、凤凰山路的东西向城市生长轴线延展，而出现了南北向城市拓展趋势，向北延展的驼山路、衡王府路、玲珑山路都是城市生长轴向北拓展的结果。

三、影响其所依附城市干道体系特征的形成

城市干道体系是城市形态构成的基础，城市干道体系的发展左右着城市形态的演变。城市干道体系主要指城市干道的构建形式、走向、密度、间距等要素，城市干道体系反映着城市形态演变的内在逻辑。城市干道体系具有很强的识别性，不同城市内部的城市干道体系表现的差异较大。城市干道体系是动态的、开放的，它的形成既受自然环境制约，也会受突发事件的影响。清廷在各行省设立的直省驻防城，在一定程度上对其所依附城市干道体系特征的形成产生了一定影响，有些影响至今依然存在。

顺治二年（1645）清廷攻占西安，在当时西安府城内的东北隅建立西安满城，其范围：西界墙为钟楼北大街（今北大街），南界墙为东大街，东界墙、北界墙依托西安府城的原有城墙。尽管民国2年（1912）拆除了西安满城南界、西界的城墙，但西安满城的存在仍对整个西安城市干道体系产生了影响。西安满城兴建后，为了从军事上掌控全城、监视城西的地方官吏，城内的干道开始打破城内原有秦王府、保安王府、临潼王府等大型宅院用地界线，以加强城东西安满城与城西官署区之间的联系；同时驻防城内营房采取坐北朝南的布局，也使街巷多呈东西走向，从而让整个西安府城内的东

西向干道密度加大，这一结论是通过嘉靖二十一年（1542）的《明西安府城图》和清雍正十三年（1735）的《清西安府城图》对比得出[8]。参看光绪十九年（1893）的《西安府图》上题注"满城大街七，小巷九十四"，西安满城内七条大街中东西向的道路就占了五条，分别是新城门大街（今西五路）、西华门大街（今西新街）、头条街（后宰门街）、二条街（今西七路）、三条街（今西八路），而新城门大街（今西五路）和二条街（今西七路）由于位置适中，最终被拓展成贯穿现今西安城市的东西向城市干道。

　　清代直省驻防城除了影响城市干道的密度以外，个别直省驻防城还对城市干道的朝向及干道间距产生一定影响，绥远满城就是比较明显的案例。呼和浩特城市的南北干道并非正南正北，而基本上呈正南偏东，呼和浩特城市干道朝向产生这种倾斜的状态与绥远满城的兴建密不可分。中国第一历史档案馆的一份《军机处录副奏折》中记载在绥远满城建城时采用了"壬山丙向"的朝向[9]，而"壬山丙向"就特指正南偏东。清廷在绥远满城营建时采用"壬山丙向"使呼和浩特后期城市干道的拓展都延续了这一朝向，因此可以说绥远满城的兴建主导了呼和浩特的城市干道朝向。除了城市干道的朝向延续了绥远满城的建城方向外，绥远满城内规则的路网及干道的间距也对呼和浩特城区的拓展起到了导引作用的，《敕建绥远城碑》中记载的绥远满城城周"一千九百六十丈（6272米）"[10]，形状近似正方形，通过周长可推出四面城墙的长度大约为1568米，绥远满城内由于被鼓楼东西大街与南北大街划为四个街廓，街廓的尺度大致为784米×784米，城内干道间距基本就在800米左右，当呼和浩特以绥远满城的鼓楼作为城市生长核心向外拓展时，拓展的东西向及南北向城市干道的间距基本都遵循这一尺度。

四、改变其所依附城市功能区的分布状态

　　重大历史事件会对城市功能区的分布状态产生重大影响，可以说城市功能区的分布是一系列重大历史事件作用的结果。当直省驻防城被置入其所依附城市的内部后，圈占匝屋的过程中势必会让城

市中原有的官署区、居民区、商业区等功能区外迁或压缩，清廷早期在各行省内部设立的驻防城基本上都改变了其所依附城市的功能区分布状态。

清康熙二十二年（1683），荆州满城在荆州府城内的东隅建成，除西界新建了一道界墙外（今拥军路一线），其南、北、东三面都利用荆州府城的原有城墙作依托，整个荆州城被界墙分为满城和汉城，因荆州满城选址在城东，故城东的原有官署及居民区被迫西迁，西迁的还有城东最大的鼓楼商业区及手工作坊区域，即现今的钟鼓楼市场附近。建成的荆州满城使得荆州府城内的功能区重新布局，界墙以东成为单纯军事驻防空间，将军衙署占据了原荆州府署位置，城东原有商业区及手工作坊被银房、红白房及营房所替代；界墙西北主要安置官署衙门，荆州府署迁至界墙以西现今荆州市中心医院附近，江陵县署西迁至现今荆州区粮食局附近[11]；界墙西南及南关厢被西迁后的商业及居住区占据，时至今日，荆州古城西南部及南厢关仍为密集的商业及居住区域。

图4-10为清光绪三年（1877）由胡九皋等修的《续修江陵县志》中的江陵府城隍庙图，设立荆州满城后，原有江陵县城被分为两部分，城内东部为"满城"，西部为"汉城"，满城与汉城之间筑界墙以便于实施"旗民分治"政策，从此图上可看出荆州满城建在城东后，让很多江陵府城内的城市功能区向城西转移，使城西的建筑密度明显大于城东。

西安满城的兴建同样给西安府城内的城市功能区分布带来了影响。清康熙二十二年（1683），清廷依托西安满城南界墙又修建了"南城"以安置增驻的汉军八旗，这样西安府城整个东部城区基本都被驻防的八旗兵丁占据，而城西北部又为官署据有，因此城东部原有的商业、文化功能区被迫向城西南及关厢转移，以适应西安满城置入带给城市用地的紧张，这从现今城南碑林区文化设施、西南隅南马道巷一带的金融、餐饮、住宿等设施密集分布可见一斑；另外，西安满城的出现还催生了西安满城关厢商贸区的形成，如"东关厢"以其靠近西安满城得天独厚的地理位置，从单一功能的居住区逐渐向商业功能区转化，最终成为极具活力的商贸区域[12]，可以说西安

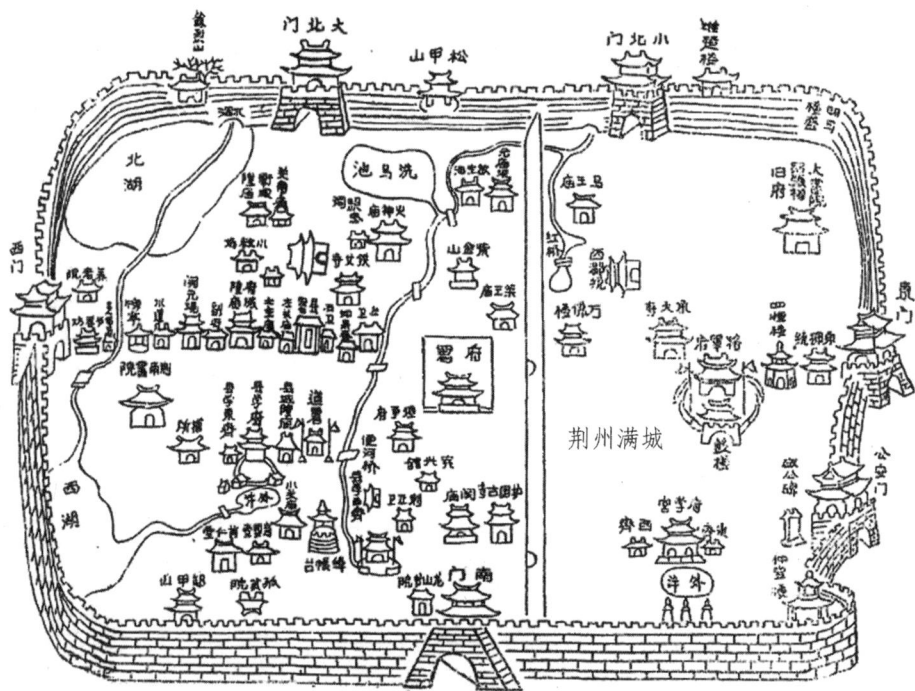

图 4-10　1877 年清代江陵府城隍图

满城的兴建，在很大程度上改变了西安府城内外的城市功能区分布
状态。

五、参与其所依附城市肌理的重构

城市肌理是人类居住形态在城市空间中历史叠加的固化反映。
受不同自然环境、地域文化、社会经济等因素影响，不同城市的居
住形态各异，导致城市肌理也存在差别，即便是同一城市不同时期
的居住形态变化也会使城市肌理不断进行拼贴叠加，从而产生识别
性较强的城市肌理。以军事驻防为目的的直省驻防城，按照八旗制
度为组织依据的居住形态显然有别于其所依附城市的居住形态，因
此当直省驻防城一经建立，由其构成的具有军营特色的规则街区肌
理不但在依附城市中留下了独特的印迹，甚至会参与到整个城市肌
理的重构。

八旗驻防特有的组织结构让以军事驻防为目的的直省驻防城呈
现规则的街区肌理，这种肌理是建立在营房及内部道路布置原则的
基础上的。八旗组织的最基本单位是一户，在空间上反映为一个单
元院落，面积大约一亩三分，用地北面是三间坐北朝南的木构架瓦
房，南面由围墙隔成矩形院落[13]。基本单位以独院或联排形式组成
一排排的营房，营房与营房之间又围合成间距相等的狭长街巷，并
与营房一起构成整齐划一的街区肌理，营房区再以占地面积较大的
将军府或都统府做统领，形成完整的驻防城空间布局。现以成都满
城为例，位于成都市城西有一处街区肌理（今宽窄巷附近）与整个
成都城市肌理明显不同，这一街区位于"少城路——金河路"以北、
"东城根上街——东城根下街"以西、"八宝街——西大街"以南、
"上同仁路——下同仁路"以东，整个街区由一条弯曲的南北道路
（长顺上街——长顺下街）贯穿，道路两侧是间距分布均匀的东西向
街道，构成了蜈蚣状的街区肌理，这就是康熙六十年（1721）兴建
的成都满城留给其依附城市肌理中的历史印迹。

图4-11为成都满城区域不同时期的街道图，展示这一区域的街
区肌理的传承及细微变化。

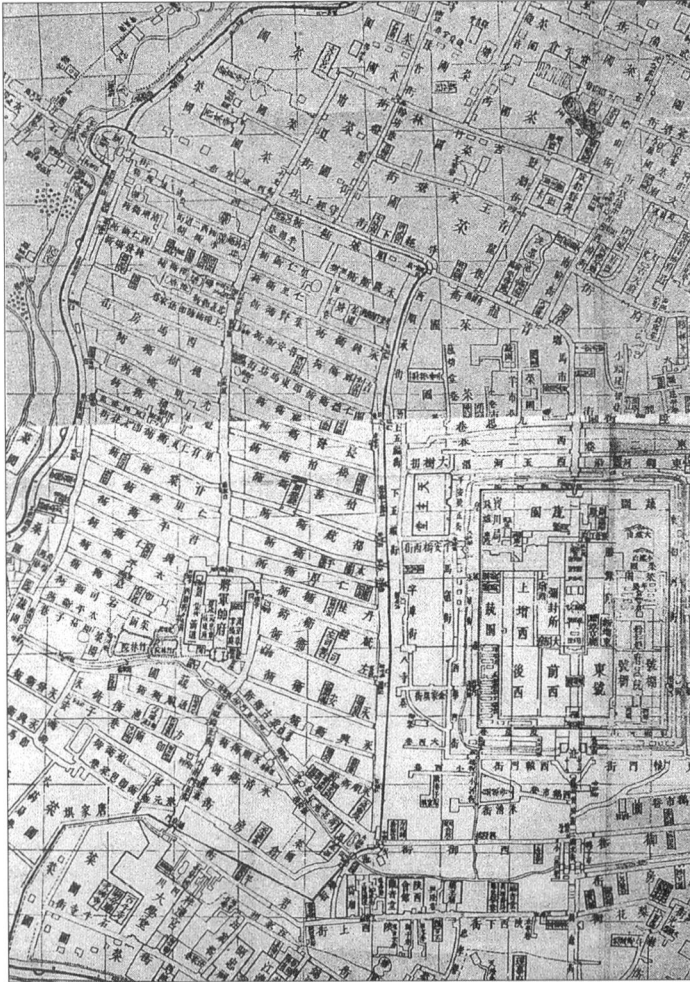

图 4-11　1903 年、1979 年、2018 年成都满城街道对比图

　　直省驻防城独特的街区肌理不仅能在其依附城市中留下了印迹，甚至还参与了其所依附城市肌理的重构，典型案例即是绥远满城。绥远满城位于归化城（今呼和浩特旧城区）东北五里处，其所依附的归化城一直以来都是沿"大南街——大北街"为轴自组织生长，并呈现出无序的城市肌理。而当以绥远满城成为主导的城市生长核心后，其军营建制限定的规则城市肌理在呼和浩特城市形态演变的过程中发挥了作用，让整个城市的肌理重构向着有序的状态发展，并将绥远满城内的干道间距、街区尺度、建筑跨度都延续到呼和浩特城市城区的拓展过程中。

六、丰富其所依附城市的历史风貌

　　城市历史风貌是城市在其历史发展过程中，由自然地理条件、社会经济因素及居民生活方式等积淀而成的既成环境，是该城市区别于其他城市的重要特征。城市历史风貌既包含显性的"貌"，也涵盖着隐性的"风"。当民族、文化迥异的直省驻防城出现在其所依附城市内的那一刻，便开始了与当地文化进行碰撞融合，并历经岁月积淀，逐渐用自身留存的显性及隐性的历史印迹来影响着其所依附城市的历史风貌，丰富了依附城市的文化内涵。

　　"宽窄巷最成都"，成都满城有幸留存的三条街巷（宽巷子、窄巷子、井巷子）竟成了当今成都的城市名片，这是在成都满城营建之初未曾设定的功效；同样福州长乐区的琴江水师驻防城，作为活着的直省驻防城让游人及寻踪的满族人经常往来于此；绥远满城的将军衙署是保留最完整的清代边疆驻防衙门，现为呼和浩特城市著名的历史景点；岭南地区流行的"广式满洲窗"，是广州驻防城八旗传统窗式与当地气候相适应所形成的窗式变体[14]；最早杭州西湖东畔湖滨路上的骑楼建筑，竟是因出售杭州满城旗营不动产时测量错误，采用可加建骑楼作为面积补偿的产物，这种骑楼建筑不但形成了杭州西湖周边所特有的建筑形式，保留了几分钱塘建筑文化韵味，也为杭州"一纵三横"的市政改造提供了风格典范[15]。尽管有些依附城市内的直省驻防城早已不见踪迹，但仍有一些操着"旗下话"、

"京腔"的满族后裔聚族而居，形成了"方言岛"如河南开封的"里城大院"、山东青州的"北城村"、浙江杭州的"十八间"、江苏南京的"尚书里"等[16]，散落的直省驻防城遗址以及遗存的满族聚落为其所依附城市特色的营建做出了极大的贡献。

除了上述清代直省驻防城留存在各依附城市内显性的历史印迹，一些隐性的历史印迹也渗入了依附城市日常生活中的点滴。依附于历史街巷上的驻防城街巷名称，与以显性存在的直省驻防城遗存同样具有文化价值，是城市历史风貌的重要组成部分。很多直省驻防城的显性遗存虽然在其所依附城市演变过程中没有留下只椽片瓦，但却把许多街巷、地名留在了城市中：德州（德州驻防城）的小营胡同、校场口、新营街等；镇江（京口驻防城）的小营盘、将军巷、南府巷等；南京（江宁满城）的后标营路、马标、三十四标等；广州（广州驻防城）的八旗二马路、箭道巷、马场地等；福州（福州驻防城）的旗汛口、蒙古营、将军前等。另外由八旗兵丁驻防所带来的习俗仍然还活在依附城市时下的生活中，如始于广州驻防旗人制作的传统花灯，成了羊城灯市最受人追捧的商品，荆州当地极负盛名的"白酥肉"、"八宝饭"、"酥黄雀"等菜肴便是典型的满族食品[17]，呼和浩特地区汉族婚礼留给女方家"离娘肉"的礼数源自满族古老的风俗，福州独特的珠妈庙文化就是满族萨满信仰与本土巫术的结合[18]，驻防八旗兵丁带来的独特习俗让依附城市的文化内涵更加多元。

第三节　清代直省驻防城对其所依附城市的影响程度分析

一、清代直省驻防城的影响程度分类

并非所有的清代直省驻防城在其所依附城市形态演变过程中都起到了重要作用,有些直省驻防城对其所依附城市形态演变影响重大,甚至改变了其所依附城市形态演变的轨迹;有些直省驻防城在其所依附城市形态演变过程中影响很大;有些直省驻防城尽管对其所依附城市产生过一定影响,但这种影响相对较弱;而对于个别的直省驻防城,尽管曾经存在过,但由于种种原因几乎未对其所依附城市产生影响。

在21处直省驻防城(包括14处满城)中,对其所依附城市产生影响重大的是宁夏满城、绥远满城,这两处直省驻防城对其所依附城市形态演变产生的影响重大,并由此改变了依附城市形态演变的轨迹;对其所依附城市产生很大影响的是西安满城、杭州满城、江宁满城、开封满城、成都满城,这五处驻防城都参与到了其所依附城市形态演变进程中,并从城市道路体系、城市功能区分布、城市肌理等方面产生了重要影响;另有一些直省驻防城尽管在依附城市内留下了一些历史印迹,但对给其依附城市形态演变影响不大,或虽曾产生影响,但随着城市的发展,产生的影响逐渐消失,如京口

驻防城、太原满城、德州驻防城、福州驻防城、广州驻防城、荆州满城、右卫驻防城、归化驻防城、乍浦满城、青州满城；而对于个别的直省驻防城，虽曾存在，但未对其所依附城市的形态产生影响，如潼关满城、福州琴江水师驻防城、凉州满城、庄浪满城。

二、清代直省驻防城影响程度的分析

1. 与依附城市之间的距离有关

　　直省驻防城与其所依附城市之间的距离，会影响直省驻防城对依附城市形态演变的作用程度。依据直省驻防城与其所依附城市之间的位置关系，可将直省驻防城的布局分为"位于其所依附城市内部"和"位于其所依附城市的外围"两种类型，其中位于其所依附城市内部的直省驻防城有西安满城、杭州满城、江宁满城、京口驻防城、太原满城、德州驻防城、福州驻防城、广州驻防城、荆州满城、右卫驻防城、归化驻防城、开封满城、成都满城、乍浦满城；位于其所依附城市外围的独立驻防城有宁夏满城、潼关满城、青州满城、绥远满城、凉州满城、庄浪满城，另外福州琴江水师驻防城也可作为独立设置的驻防城看待。

　　通过实地调研和资料对比分析，可以看到对其所依附城市城市形态演变产生重大影响的绥远满城和宁夏满城，都与其所依附城市之间拉开了一定的距离，如绥远满城位于其所依附城市归化城（呼和浩特老城区）东北五里的距离[19]；宁夏新满城位于其所依附城市宁夏府城城西十五里[20]。由于直省驻防城与其所依附城市之间存在一定距离，因此在依附城市形态演变的过程中，直省驻防城就可以作为一个新的城市生长核心存在，并对依附城市产生吸引，使依附城市原有城市生长轴线发生变化，从而改变依附城市原有的城市拓展轨迹；但是在研究过程中发现，直省驻防城与其所依附城市的距离不能过大，如果距离超出一定范围，则直省驻防城对依附城市的吸引就会减弱，甚至失去吸引的作用，这样直省驻防城反倒不会影响到依附城市的形态演变，福州琴江水师驻防城就是这样的案例，由于距离其所依附城市的距离过远，因此也限制了它参与依附城市形态演变的影响力。当然对于另外两处独立驻防城如凉州满城、庄浪满城，由于这两座驻防城一直作为军营使用，原有城墙并未被突破，所以限制了它们对其依附城市产生影响的动力；另外由于潼关满城早在乾隆二年（1737）就已被黄河冲毁，因此未对其所依附城市产生影响。而对于"位于依附城市内部的直省驻防城"，也就不存在所谓的距离了，因此也就无法形成新的城市生长轴心，无法改变原有城市生长轴线，所以只能作用于依附城市的城市道路体系、城市功能区分布、城市肌理等方面，故而对依附城市的影响就相对弱一些。

2. 与城市发展的规模有关

清代直省驻防城是否对其所依附城市产生影响，除了与直省驻防城位于其所依附城市内部与外围有密切关系外，还与依附城市的发展状况有关。当依附城市发展较快时，其城市形态拓展就越突出，则直省驻防城对依附城市产生影响的可能性就会大一些；反之，依附城市发展的缓慢，其城市形态演变就会迟缓，那么直省驻防城对依附城市产生影响的可能性就会小一些，因此直省驻防城对其所依附城市形态演变的影响程度，还取决于依附城市的发展状况。为了说明城市发展与直省驻防城的影响程度有关，可以列举"位于依附城市内部的直省驻防城"为例。在依附城市内部建立的直省驻防城，对其所依附城市影响较大的是西安满城、杭州满城、江宁满城、开封满城、成都满城，从这些直省驻防城所依附城市的整体发展角度来看，这五座依附城市的城市发展规模较大，其中有四座城市为省政府所在地，如西安市（西安满城）、杭州市（杭州满城）、南京市（江宁满城）、成都市（成都满城）；而另一处开封满城所依附的开封市也属历史文化名城，并且由于与河南省郑州市距离较近，也促进了开封城市的发展规模。相反，依附城市（或县镇）发展缓慢，则位于其中的直省驻防城对其城市形态的演变作用较小，如位于嘉兴平湖市乍浦镇的乍浦满城，建立时即位于乍浦镇的东北隅，到目前为止，由于乍浦镇的发展缓慢，曾经的乍浦满城的位置目前仍在，只是原有的衙署、营房已不存在，代之的是一片仍待开发的荒地；同样，位于右玉镇的右卫驻防城，由于只是一个边塞城镇，本身缺乏发展动力，所以城区拓展相对缓慢，而后又因为此处驻防的八旗兵丁移驻到绥远满城，所以驻防城本身也就对其依附城市没有产生影响。

图4-12、图4-13为目前乍浦满城所在位置的状况，此处正在进行房地产开发，相关满城建筑遗迹已不存在，乍浦满城南城墙的位置仍然可辨，就是现在宽度为6米左右的东大街。

同样再来分析一下建立在依附城市外围的独立驻防城，对依附城市形态演变影响重大的独立驻防城有宁夏满城、绥远满城，分别依附在城市发展规模较大的省会城市银川和呼和浩特；青州满城虽与位于其所依附城市青州府城相距五里[21]，按理处于这样的距离对青州城市形态演变应该产生较大的影响，但限于青州市的城市发展规模，青州满城对青州城市形态演变作用明显偏小，远不如宁夏满城和绥远满城对其依附城市形态演变的作用明显；另外再来看凉州满城（位于甘肃省武威市）与庄浪满城（位于甘肃省永登县），尽管两处驻防城目前仍作为军营存在，但如果武威市及永登县的城市发展规模较大，那么封闭的军营就不会如现在的状况存在于城市的周边，而是随着城市的不断拓展参与到依附城市形态演变的进程中了。

图 4-12　乍浦满城区域现状 1

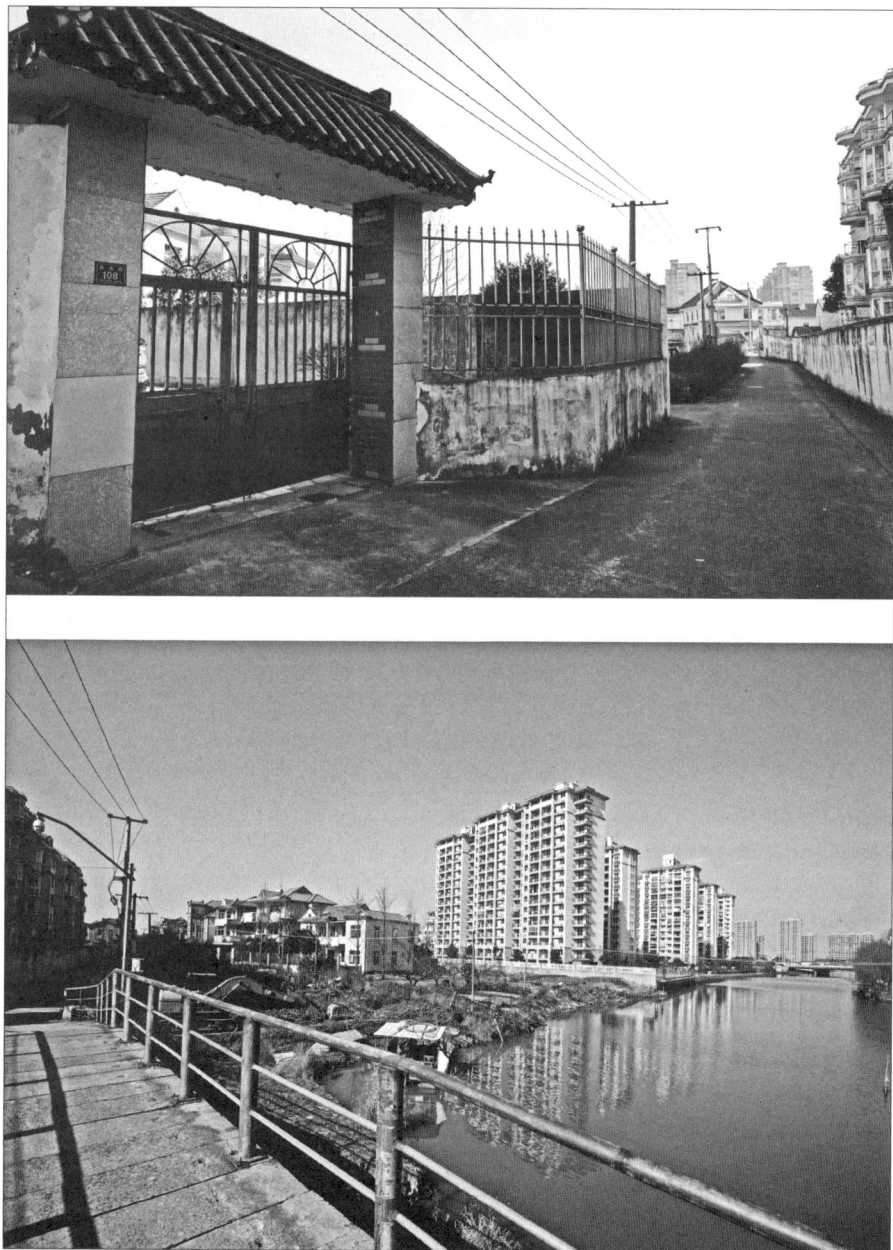

图 4-13 乍浦满城区域现状 2

小　结

　　承载着"建威销萌"使命的清代直省驻防城，在经历了诸多磨难之后，将一些显性及隐性历史印迹深深地印在了其所依附城市的拓展路径、道路体系、城市肌理、历史风貌内，影响着其所依附城市形态的演变，有些影响时至今日仍依然存在。清代直省驻防城的解体，并不意味着其对依附城市形态演变作用的终结，相反，正是由于自身的解体，才打破了与依附城市各自并置、独立发展的格局，开始了与依附城市相互融合，从而进入了清代直省驻防城影响其所依附城市形态演变的重要阶段。研究清代直省驻防城及其所依附城市，不仅是为了分析直省驻防城在其所依附城市形态演变过程中所起作用，更是为了探寻城市在其形态演变过程中应对突发空间置入的调节规律，从而为当今城市规划、新区建设、旧城改造的决策提供依据。

参考文献

[1] 定宜庄. 清代八旗驻防研究 [M]. 辽宁民族出版社，1999年，第22页。

[2] 朱永杰. 清代驻防城时空结构分析 [M]. 人民出版社，2010年，第28页。

[3] 清高宗实录 [M]. 华文书局，1982年，卷八十五：乾隆四年正月丁丑，第1624页。

[4] 珠荣嘎校注. 阿拉坦汗传 [M]. 内蒙古人民出版社，1991年，第79页。

[5] 王挺栋，李可达编. 绥远通志稿（第二册）[M]. 内蒙古人民出版社，2007年，第400页。

[6] 呼和浩特公路交通史志编委会编. 呼和浩特交通志 [M]. 人民出版社，1997年，第98页。

[7] 刘小萌，王禹浪. 山东青州北城满族村的考察报告 [J]. 黑龙江民族丛刊，2001年04期，第60页。

[8] 史念海. 西安历史地图集 [M]. 西安地图出版社，1996年，第119页。

[9] 军机处录副奏折（档号03-0984-007，微缩号069-0032）[Z]. 北京：中国第一历史档案馆藏。

[10] 董瑞. 归化城与绥远城的城池规模探析 [J]. 内蒙古师范大学学报，2016年04期，第44页。

[11] 王豫之. 荆州府志 [M]. 成文出版社有限公司印行，1970年，第10页。

[12] 史红帅. 明清时期西安城市地理研究 [M]. 中国社会科学出版社，2008年，第318页。

[13] 茹競华，王其明. 清代圆明园护军营房调查分析 [C]. 中国紫禁城学会论文集（第六辑），2007年，第535页。

[14] 曾娟. 广式满洲窗起源、装饰及构造技艺解析 [J]. 装饰，2012年11期，第93页。

[15] 陈江明. 清代杭州八旗驻防史话 [M]. 杭州出版社，2015年，第295页。

[16] 潘洪刚. 清代驻防八旗的"方言岛"现象 [J]. 中南民族大学学报，2014年05期，第66页。

[17] 潘洪刚. 清代驻防八旗与当地文化习俗的互相影响 [J]. 中南民族大学报，2006年03期，第59页。

[18] 麻健敏. 清代福州满族萨满信仰与本土巫文化的结合 [J]. 中央民族大学学报，2007年01期，第57页。

[19] （清）铁保等纂. 钦定八旗通志 [M]. 台湾学生书局影印本，1968年，卷一一七：第7614页。

[20] 李冀宁. 清代宁夏满城营建时间及其距宁夏府城里数考 [J]. 满族研究，2016年02期，第106页。

[21] 郭世朋. 青州旗城（北城）建置考 [J]. 潍坊学院学报，2007年09期，第7页。

第五章 / 清代直省驻防城研究对当今城市建设的启示

　　尽管清廷在各行省设置的直省驻防城是有计划建立的，但每个直省驻防城的出现对于其所依附城市来说却均属突发事件，这些清代直省驻防城的存在不仅实现了其"弹压地方，节制绿营"的军政功能，而且在一定程度上影响了其所依附城市形态的演变进程，甚至让有些依附城市形态演变偏离了原来的轨道。通过对清代直省驻防城的研究，不仅能够深刻了解直省驻防城给其所依附城市形态演变带来的诸多影响，也有利于揭示城市在其发展过程中应对突发空间楔入的调节规律，从而为今后城市新区规划建设的决策提供科学依据；同时，通过发掘、梳理留存在依附城市内部的清代直省驻防城历史遗存，为依附城市的城市特色营造及历史文化保护积累资料。

第一节　对城市新区规划建设的启示

　　城市作为一个有机体，具有与生物体相类似的生长、应急性以及新陈代谢功能，有着一定的自身调节能力和调节规律，当遇到一定规模的突发空间楔入或在外围吸引时，会依自身调节规律做出相应的反应，因此在进行城市新区规划建设时，就应该去找出并顺应这些规律，从而让城市有机体向着良性状态发展。通过以21处清代直省驻防城对其所依附城市形态演变的作用分析为案例，可以看到当清代直省驻防城以突发空间方式楔入，其所依附城市往往会通过调整城市生长核心、城市生长轴、城市道路系统、城市功能区分布、城市肌理等方式来应对外界刺激，来达到一种新的动态平衡。所以认真了解城市应对突发空间楔入的调节规律，来指导城市新区规划建设是十分必要的，下面通过五个方面来探讨城市应对突发空间楔入的调节规律在城市新区规划建设上的运用。

一、合理设定新区与原有城区之间的距离

清代直省驻防城与其所依附城市之间的距离远近，是决定直省驻防城是否对依附城市产生影响的重要因素，这给城市新区规划建设以一定的启示，合理设定新区与原有城区之间的距离，不仅确保原有城区的良性发展，对于新区的建设也非常有利。新区建设往往是伴随着城市新的经济增长点而出现，而在新区建成后城市也将经济增长的重心逐渐转移到新区，从而导致新的城市生长核心出现，因此合理设定新区与原有城区之间距离，以确保新区建设是原有城区统一规划的延续，避免城市基础设施的重复建设，从而做到新区与原有城区共同促进发展，让城市规划建设趋于完善。建于清乾隆四年（1739）的宁夏新满城，位于其所依附城市宁夏府城（银川市兴庆区）城西十五里[1]，两城距离在当时略显较长，但从现代城市规划角度以及银川作为首府城市的发展规模，相距十五里设置新区相对合理，确保了位于银川金凤区的宁夏满城与位于银川市兴庆区的宁夏府城最终融为一体，共同促进银川市的发展繁荣。

图5-1为银川城区地图，从图中可以看出宁夏满城位于宁夏府城城西，银新北路（今北京中路一线）是宁夏府城的东北德胜门、西北振武门通向宁夏满城南门永靖门的道路，这是连接宁夏府城与宁夏满城的最便捷通道。

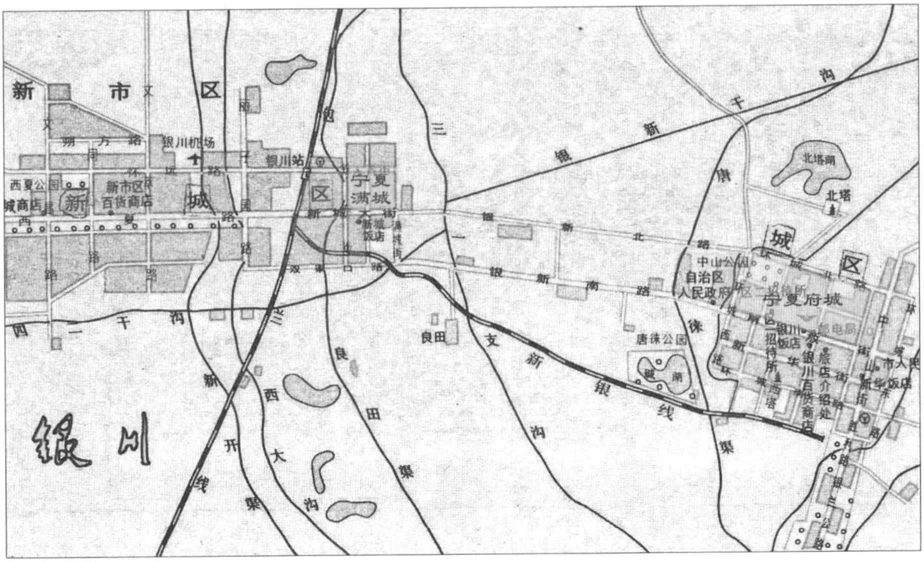
新　市　区
银川机场
银川站
宁夏满城
新市区百货商店
西夏公园
新　城　区
新城饭店
四　二　干　沟
良田
唐徕公园
银　新　干　沟
北塔湖
北塔
城　区
中山公园
自治区人民政府
宁夏府城
银川饭店
新华饭店
银新线
银川

图 5-1　银川城区地图

二、新区选址与原有城市生长轴之间的关系

　　独立在依附城市之外的清代直省驻防城，往往从军事角度考虑将城址选在扼守交通要道的位置，并随着时间的推移，逐渐吸引依附城市沿交通要道向外拓展。同样，为了让城市良性发展，新区选址至关重要，不只是要考虑到选取的新区位置与原有城区的距离合适，还要考虑到选择的位置是否在城市生长轴线上如沿河流、沿道路，如果新区位于原有城市生长轴线上，则新区很容易利用原有城区的各项基础设置来加速发展，同时原有城区也可以通过城市生长轴线的拓展疏散人口，缓解原有城区的人口压力。如果新区选址偏离城市生长轴线，则不利于对原有城区基础设施的利用，同时也很难吸引人口来此，从而会影响新区的发展速度。青州满城位于东阳城北五里，扼守着青州去往淄水驿（淄博市临淄区东南）的道路[2]，如果青州城市生长轴在一定时期调整为向着淄博方向拓展，那么青州满城必然在青州城市形态演变中发挥重要作用；然而从青州城市发展过程来看，从早期的南北向城市生长轴"北门大街"开始，到后期城市生长轴调整为"云门山北路"，再到调整"海岱北路至海岱中路一线"，不同阶段的城市生长轴均未穿过青州满城，并逐渐向东偏离，反倒是离青州满城越来远。因此让青州满城错过每一次城区拓展的机会，以致于时至今日也没有获得城区向外拓展的动力，基本维持着原有的街区肌理。

　　图5-2为青州城郭坊巷示意图，引自李嘎论文"青州城市历史地理初步研究"，是作者依据光绪三十三年（1907）版《益都县图志》中"城内坊巷"、"城外坊巷北关"、"城外坊巷东关"三图改绘而成，从图中可以看出当时青州城的南北生长轴位于阜财门至瞻辰门一线。

三、有效提供新区内在拓展动力

　　有些清代直省驻防城在设立后，新的城市生长核心曾一度与依附城市处于"双核并置"的发展状态，甚至取代依附城市成为一个城市最终的城市生长核心，产生上述现象的原因除了兴建的清代直

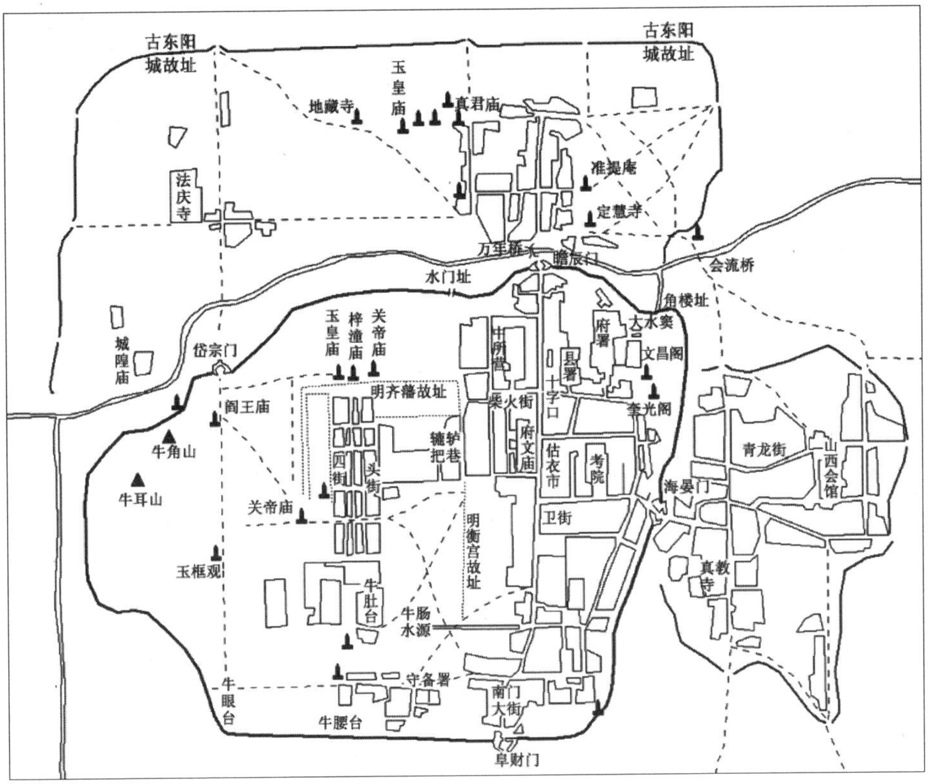

图 5-2 清代青州城郭坊巷示意图

省驻防城规模较大外，还有后期城市发展阶段因政策导向给直省驻防城带来了人口增长以及经济增长，从而为清代直省驻防城的拓展提供了动力，并借势成为城市生长核心。如依托归化城，建立在其东北五里的绥远满城，城周九里十三步[3]，与归化城的城区规模大致相仿，由于一直以军营驻地性质存在，所以绥远满城的城区在一定时期内一直保持未变。民国2年（1913）归化城和绥远满城合并为归绥县，1945年抗战结束归绥县改为归绥市，但1947年内蒙古自治区政府成立之初首府定在了乌兰浩特市，直到1954年归绥市被确定为内蒙古自治区首府，并更名为呼和浩特市，许多行政机构设立，人口不断增长，从而推动了绥远满城的城区拓展，并与归化城区融为一体。相反的案例如青州满城，尽管同样与依托城市青州府距离五里，城周六里二分二厘，由于在青州城市发展的过程中，因没有获得新的经济增长点而缺少拓展动力，青州满城地区一直未能出现大的发展。因此城市在规划新区时，除了要设定好新区的位置及规模，还要在一定时期内通过政策导向让新区的经济得以发展，人口得以流入，从而产生城区拓展动力，促进新区的发展。

四、新区的道路体系设置应合理

新区建设一定要根据自身被设定的用地功能做好道路系统规划，以避免后期的道路调整及改造，确保构建一个能够长期稳定的具有持续生命力的城市道路体系。故此在新区路网设置时尽可能采取小街廓、密路网模式，这种模式不仅能确保路网的相对稳定，而且还为后期道路的调整留有余地。若初始规划即采取大街廓、稀路网模式，则后期如因需要再进行加密路网和调整街廓尺度就相对困难得多。当然路网及街廓的设置还要根据新区用地的功能而定，主要用地功能为商业性质，则尽可能选择小街廓；如用地功能以居住为主，则选择相对大的街廓。位于西安城东北隅的西安满城，内部既有小街廓、路网密的营房区，也有大街廓、路网疏的衙署区，而从目前西安市发展来看，尽管西安满城内部的衙署及营房建筑都已经消失，但西安满城内部原有小街廓、密路网基本得以保留至今，而大街廓、稀路网部分则基本都被改造，这就可说明在新区建设中合理规划道路系统的重要性[4]。

五、新区用地功能应为原有城区用地功能的补充

新区的建设目的除了是为了对应城市新的经济增长点，也应该是对原有城区功能的进一步完善与补充，因此在进行新区用地功能规划时，应该在明确目标的前提下进一步做好详细规划并予以落实，尽可能减少因新区的出现而导致原有城区功能的重新分布，以致原有城区因功能重新分布造成局部过于增长，出现人口过多、街区拥堵等现象。荆州就是在康熙二十二年（1683）荆州满城占据城区东部[5]，致使城区的商业、居住功能向荆州城西南隅集中，从而导致荆州城西南隅人口密集、道路拥堵，时至今日，荆州城市现状仍然如此。顺治二年（1645）在西安设置的西安满城也导致了城市原有商业、文化空间被迫压缩并向城南及西南方向转移，以适应满城楔入后给城市带来的变化，这从现今城南碑林区文化设施、西南角南马道巷一带的金融、餐饮、住宿等设施仍然密集分布状态可见一斑。

第二节   对城市历史文化传承与保护的启示

一、利用城市历史文化遗产营建城市特色

"宽窄巷最成都",成都满城有幸留存的三条街巷及其围成的建筑院落竟成为当今成都的城市名片,这是在成都满城营建之初未曾设定的功效,同样福州长乐区的琴江水师驻防城,作为"活着的驻防城"让游人及寻踪的满族人经常往来于此;绥远满城的将军衙署是保留最完整的清代边疆驻防衙门,现为呼和浩特城市著名的历史景点。从清代直省驻防城历史遗存给城市带来丰厚回馈的实例可以领悟到:有幸躲过无数劫难的城市历史文化遗存对一座城市特色的营造有多么重要,每座城市都有其深厚的历史文化,都蕴含着太多的显性及隐性的历史遗存,通过认真去研究、挖掘、梳理并将其保护好,进而有效地去利用,这将会让城市独特的魅力得以彰显,让城市固有的特色得以呈现。

二、新区建设中城市历史文脉的延续

提到城市历史文脉的延续,往往会被人为地限定在一座城市的老城区改造或城市历史街区的修复中,其实,在城市的新区规划建设过程中,也应注重将城市历史文脉置入到新的城市空间中,让新

区能够很好地传承原有城市的历史文化特色，让新区具有一定的文化归属，而非去重新建立一个与原有城区无关，不存在任何文化关联的空间。当然在新区规划建设过程延续原有城市的历史文脉，不是简单地将一些文化符号粘贴到新区的界面上，而是应深入理解城市中蕴含的既有历史文化，以及城市的文化定位，这将有利于把营造城市文化特色的元素提炼出来，并采取创新性设计将城市原有的历史文化特色传递到新区建设中，从而让新区同样焕发出独特魅力。

小　结

将清代直省驻防城放在其所依附的城市背景下进行研究，其目的是为了明确清代直省驻防城的建立、发展、衰败对其所依附城市形态演变产生的诸多影响，并以此为例来探寻城市在应对"突发空间"楔入过程中的调节规律，科学研究的重要目的是在于应用，把清代直省驻防城的研究成果运用到现实的城市建设中，才能更好体现科学研究的价值。

参考文献

[1] 吴坚主编. 中国西北文献丛书（甘肃全省新通志）[M]. 兰州古籍书店, 1990年, 卷十四: 第117页。

[2] 宿白. 青州城考略——青州城与龙兴寺之一[J]. 文物, 1999年01期, 第49页。

[3] 佟靖仁点校. 绥远城驻防志[M]. 内蒙古大学出版社, 1991年, 第1页。

[4] 梁江, 沈娜. 西安满城区城市形态演变的启示[J]. 城市规划, 2005年02期, 第64页。

[5] （清）希元, 祥亨等纂. 荆州驻防八旗志[M]. 辽宁大学出版社, 1990年, 卷八: 第84页。

第六章 / 清代直省驻防城对其所依附城市形态演变影响案例分析

　　由于清代直省驻防城的存在有居于依附城市内部及外围之别，同时即便同属居于依附城市内部的直省驻防城还存在有无界墙之分，而同样居于外围的驻防城还有与其所依附城市距离远近的不同，加之受限于依附城市本身的发展状态，导致了不同的清代直省驻防城对其所依附城市形态演变产生的作用存在着很大差异。绥远满城对其所依附城市形态演变的影响重大，绥远满城是建立在归化城外围的独立驻防城，它的出现不但使归化城（呼和浩特市的旧城区）的城市生长轴发生了改变，甚至在呼和浩特城市发展后期完全取代了归化城成为新的城市生长核心，从而让呼和浩特城市发展偏离了既有的城市形态演变轨道；西安满城对其所依附城市形态演变的影响很大，西安满城是依托西安明城内东北隅的荒地建立起来的驻防城，由于依托原有城市基础设施而建，因而其自身发展及对其所依附城市的作用会受到既有的西安城市形态模式制约，尽管这样，这处楔入西安明城的"突发空间"也给西安城区内部的功能区分布、道路体系、街区肌理带来了很大影响，同时也促进了关厢地带、周边村落的形成；青州满城对其所依附城市形态演变的影响不大，尽管它也是兴建在青州外围的独立驻防城，但由于与青州的城市生长轴多次擦肩而过，加之缺少行政级别优势的青州城市发展缓慢，从而让青州满城在青州城市形态演变的过程中至今也未能发挥应有的作用。本章列举绥远满城、西安满城、青州满城三处具有代表性直省驻防城案例进行分析，来探究清代直省驻防城给其所依附城市带来的不同影响以及出现不同程度影响的原因。

第一节　绥远满城对呼和浩特城市形态演变的作用研究

清乾隆四年（1739）建成的绥远满城，不仅让呼和浩特城市形态演变进程从以归化城（呼和浩特旧城区）为单一核心的城区扩展模式转变为归化城与绥远满城两城并置、空间上各自独立发展的城市格局，也为呼和浩特城市形态的后续拓展构建了基本框架，因此可以说绥远满城的兴建对呼和浩特城市形态演变产生了重大影响。

一、归化城历史沿革

归化城即内蒙古自治区首府呼和浩特的前身，位于内蒙古自治区中部古称丰州滩地区[1]，其地理北屏阴山，南临黄河，北朝民歌《敕勒歌》中描写的敕勒川即指这一带，16世纪初，漠南蒙古土默特部首领俺答汗驻牧于此，并在此建立了归化城。在归化城建立之前，丰州滩一带已经拥有悠久的历史，地处农耕与游牧文化交错地带的丰州滩，在石器时代就已有先民的足迹，中原政权和北方游牧民族政权在此长期交替统治：战国时，赵武灵王在此设云中郡，秦汉沿用；北魏北齐时称敕勒川；隋唐时称白道川；辽金元三代这里是丰州的治所。明代中后期，不断有不堪重负的汉人及起义失败的白莲教徒从中原逃到丰州滩，开荒种地、营建房屋，逐渐定居下来，形成汉人聚集的场所——板升，板升亦作"板申"，主要指汉人定居的农耕聚落，它是内蒙古丰州滩地区城镇及乡村的前身。明隆庆六年（1572）漠南蒙古土默特部首领俺答汗依靠在丰州滩定居的汉人营建归化城，并于明万历三年（1575）竣工，自此丰州滩地区最早的城市归化城产生。

明崇祯五年（1632），清廷征讨漠南蒙古察哈尔部林丹汗，在此次战役中，俺答汗及其后人苦心经营的归化城毁于战火[2]。而后，随着漠北蒙古的归附清廷，以及清廷对漠西蒙古准噶尔部的战事，归化城再次成为清廷强化统治的军事前哨，使得这一掌控西北及漠北地区的重镇再次得以复兴与发展。清初的归化城只是在战后的废墟上因陋就简建立起来的，修建的归化城"城周可二里"[3]，城制略同围堡。清康熙三十年（1691），清廷为扩建城垣及适应"旅蒙贸易"不断发展的需要，在归化城原"城周二里"的基础上逐渐向外扩展。当时，清廷在归化城地区推崇黄教，使得召庙在归化城中的地位日益提高，在这种背景下，城市形成了以归化城"大南街——大北街"一线逐步向城南召庙聚集的城市生长轴，这种发展态势直到乾隆二年（1737）绥远满城的兴建[4]，才结束了以归化城为单一核心、依南北城市生长轴线拓展的趋势。

图6-1为归化城街道路，引自（清）刘鸿奎、徐树璟修，沈潜纂的《归化城厅志》光绪二十三年版本，图上靠北可以看到战后修建"城周二里"的围堡，城南建筑稠密，召庙林立。

二、兴建绥远满城的目的

清廷兴建绥远满城的主要目的是为了统治漠北蒙古地区和征讨漠西蒙古准噶尔部的军事需要，这在史籍中有相关记载。清康熙三十五年（1696）的"昭莫多之战"，虽然使漠西蒙古准噶尔部大败，次年准噶尔部首领噶尔丹自杀，但怂恿叛乱的沙俄仍伺机扰乱清廷边境。雍正十二年（1734）至十三年（1735），清廷与漠西蒙古准噶尔部议和，划定以阿尔泰山为漠北蒙古喀尔喀部和漠西蒙古准噶尔部的游牧界，双方撤兵修好，但漠西蒙古准噶尔部依然为清廷之患。乾隆帝继位后曾谕旨："朕思准噶尔贼心甚诡异，若三二年间，

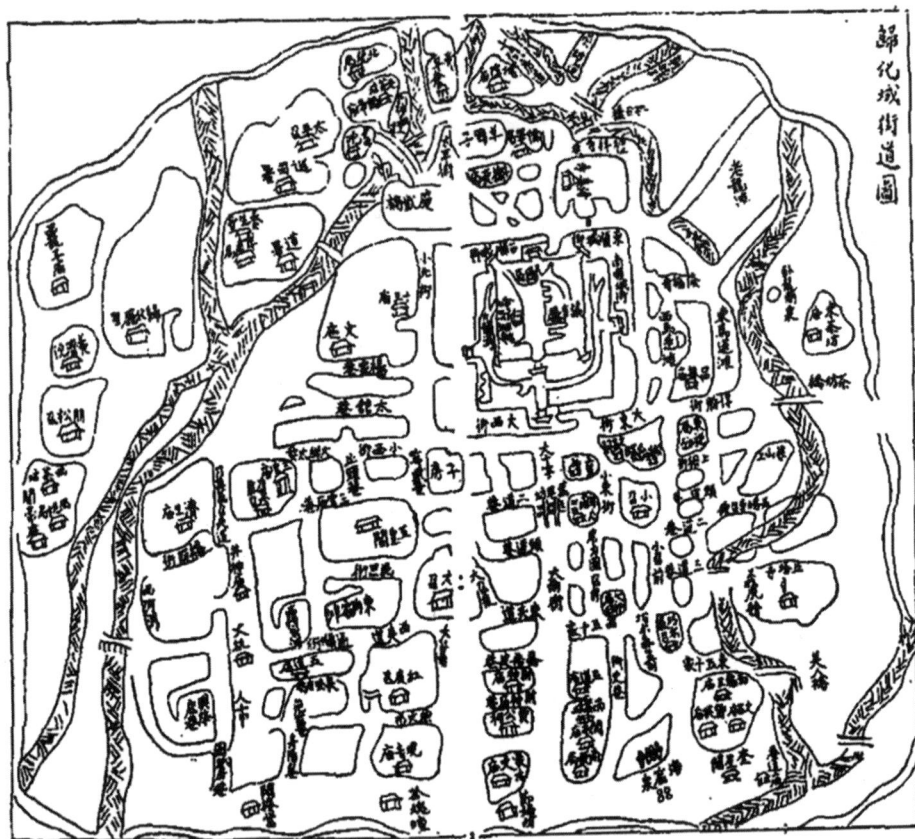

图 6-1　1897 年归化城街道图

尚不至起事，惟数年之后，我兵尽撤，伊若潜过阿勒台山梁，扰动喀尔喀等游牧地方，惟时归化城兵不能速到，必至喀尔喀等寒心，此亦应筹划之事。"[5]可见，修建绥远满城的主要目的是出于军事及政治需要，即防范漠西准噶尔部的叛乱、防范沙俄以及控制漠北蒙古诸部，通过安置戍边军队，以增强归化城地区的军事防御能力，从而维护边疆稳定。

另外，兴建绥远满城的意义还在于进一步强化对归化城地区的统治，归化城地区为漠南蒙古地区的政治、经济、宗教中心，通过在归化城地区兴建绥远满城，在绥远满城设置绥远将军一职，借以削弱归化城地区蒙古贵族的统治权力；同时，因绥远满城的建立而派驻的大量八旗兵丁，不但强化了归化城地区的统治，还对途经归化城的旅蒙国际商业经济的发展以及维护当地社会经济秩序也起到了积极的推进作用。

图6-2为绥远城衙署庙院全图，引自佟靖仁校注的《绥远驻防志》，图上标明了绥远满城内部衙署、仓库、庙宇、书院等建筑设施的位置。

三、绥远满城的出现带给呼和浩特城市形态演变的诸多影响

现今呼和浩特市的城区就是由明隆庆六年（1572）建立的归化城（呼和浩特旧城区），以及距归化城东北五里于清乾隆二年（1737）修建的绥远满城（呼和浩特新城区）逐步拓展融合形成的。绥远满城的修筑不仅结束了呼和浩特城市形态围绕归化城单一核心演变的状态，也给后续呼和浩特城市的形态演变带来了重大影响。具体体现在以下六个方面：

1. 改变了城市生长核心

一座城市在其城市形态演变过程中总会围绕着具有一定凝聚力的源点发展，这个在物质与精神层面上被公众广泛认可的源点通常

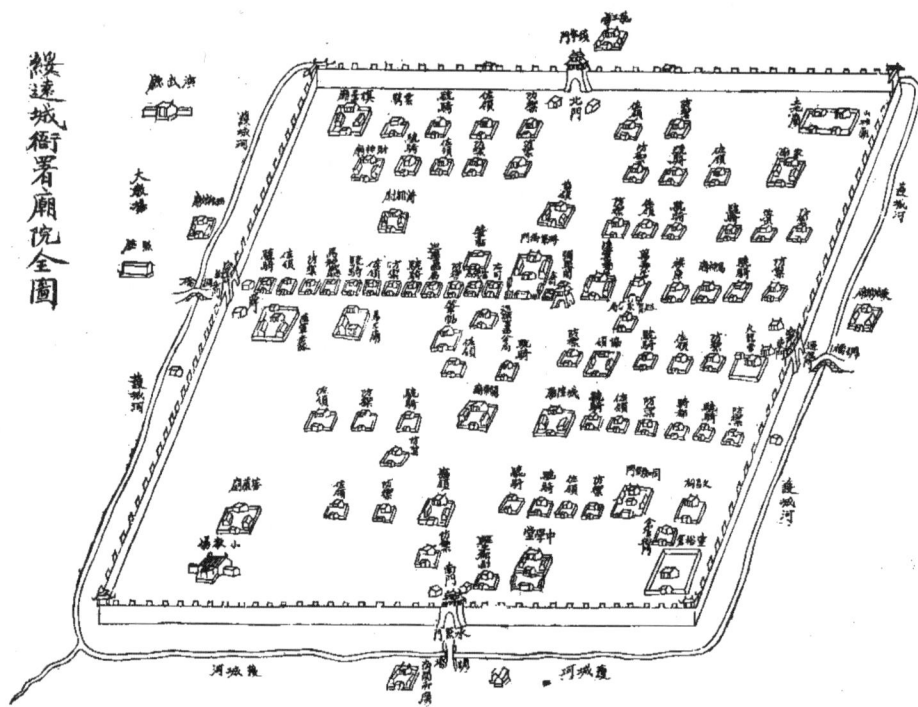

图 6-2 绥远城衙署庙院全图

被称为城市生长核心。自漠南蒙古土默特部首领俺答汗在丰州滩建立起归化城后，归化城就围绕着位于扎达盖河东岸的归化城内宫殿区不断向四周扩展；尽管明崇祯五年（1632）的战乱导致归化城被毁，但重建的归化城以及清康熙三十年（1691）归化城扩建仍是围绕原有宫殿区未变；直到清乾隆四年（1739），绥远满城修筑完工，以单一归化城为城市生长核心的发展模式结束，归化、绥远两城并置的城市发展格局形成。绥远满城因受军营建制的限制在一定时期内没有突破"城周九里十三步"的城区范围，但随着大量八旗兵丁的进驻，在绥远满城周边地区出现了一些具有新功能的用地，诸如城西门外的"大校场"及"演武厅"、城南的"南校场"，以及"娘娘神庙、关帝庙、西娘娘庙、龙王庙"等建筑群，乾隆十年（1745）又在绥远满城北门外东北隅四王庄划出了八旗兵丁的茔地等[6]，都反映出绥远满城对周边地区拓展的辐射作用。绥远满城的兴建既结束了以归化城为单一生长核心转为以归化、绥远双核并置的城市拓展模式，也使呼和浩特城市形态演变出现了新的特征。

2. 调整了城市生长轴方向

城市形态演变有其自身规律，而城市生长轴为城市形态演变提供基本拓展方向。城市依据周边环境及外围吸引点，形成符合自身发展的城市生长轴，并在一定阶段依据这一城市生长轴向外拓展。明崇祯五年（1632）清太宗战败林丹汗，追至归化城后纵火"烧绝板升"。[7]归化城在战乱中被毁，清初的归化城只是在战后的废墟上向外扩展。清廷扩建归化城的原因有二：其一是清廷强化归化城重要的军事及战略位置所致；其二是因军事征掠后客观上带来的归化城地区经济贸易的繁荣。在清康熙三十年（1691）扩建归化城城垣时，因城南地区召庙的存在，商业设施及居住区已具规模，遂将城南大部分地区扩入城中，使归化城由"城周二里"拓展为"周约六里"的规模[8]。分析归化城不同时期的城区形态可知其拓展规律，即归化城以"大南街——大北街——通道街"为城市生长轴沿南北向延展。归化城按南北生长轴线扩展的原因有三：其一，归化城所赖以生存的水源扎达盖河的流向对城市拓展起着重要作用，发源于大青山的扎达盖河自北向南从归化城西流过，必然让逐水而居的聚落沿大致南北走向的河道分布；其二，清廷接手统治归化城的初期，一直采取推崇黄教的政策以强化对归化城的统治，在归化城南广建召庙则是这一政策实施的反映，而城南召庙的存在使得商业及民居向城南地区聚集，从而让归化城城区扩展一开始就显现了向城南扩展的趋势；其三，向北通向阴山北麓的武川县道路，以及通向公主府的道路也是影响城区沿南北轴线向北延展的因素。

然而，从现今的呼和浩特城市形态来看，以"新华东街——新华大街——新华西街"一线向东西向延展才是呼和浩特的城市生长轴向。历史上归化城城区的拓展，存在着城区因召庙向南拓展；因公主府、武川道路向北延展；因雍正年间设置"二府衙门"向西拓展[9]，却唯独没有出现向东拓展的趋势。但随着清乾隆四年（1739）在距归化城东北五里处绥远满城的竣工，归化城向东拓展的潜在引力出现，尽管在一定时期内，归化城与绥远满城保持各自独立发展，但当绥远满城在城市发展过程中取代归化城成为城市生长核心后，呼和浩特的城市生长轴即发生了重大的转变，以"新华东街——新华大街——新华西街"东西向的城市生长轴最终取代了以"大南街——大北街——通道街"南北向的城市生长轴。这个东西向的城市生长轴一经确立，即导致呼和浩特城区拓展以及基础设施建设等都潜移默化地围绕这一轴线进行着，如城东白塔飞机场、如意开发区的选址，呼和浩特新政府区、呼和浩特火车站东站的建立，都充分地体现了这一东西向城市生长轴对城市拓展的导向作用。

图6-3为归化城与绥远满城位置图，图中将归化城与绥远城按比例放在呼和浩特地图相应的位置上，图中虚线代表的是穿过归化城"大南街——大北街——通道街"的城市生长轴线，粗实线为穿过绥远满城的"新华东街——新华大街——新华西街"城市生长轴线。

3. 构建了城市干道体系特征

城市干道体系是城市形态构成的基础，城市干道体系的发展左

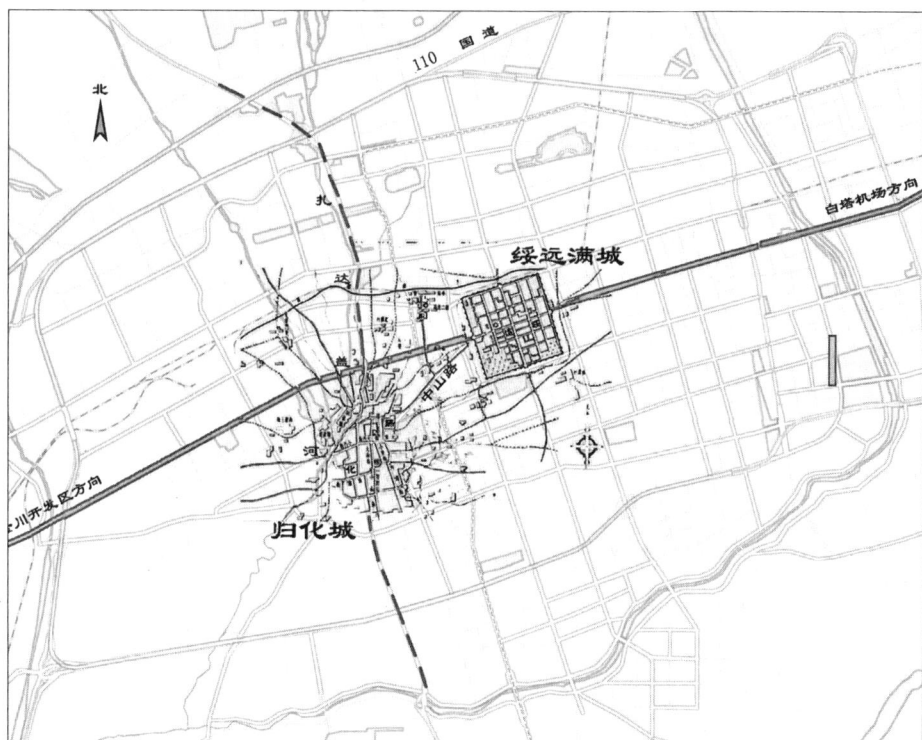

图 6-3 归化城与绥远满城位置图

右着城市形态的演变。城市干道体系主要指城市干道的构建形式、走向、密度、间距等要素，城市干道体系反映着城市形态演变的内在逻辑。城市干道体系不仅具有很强的识别性，而且也暗含着城市形态演变的历史过程，绥远满城的兴建使呼和浩特城市干道体系特征得以形成。从目前呼和浩特的城区地图上可以清楚地归纳出城市"一横两纵一斜两环"的干道体系特征："一横"是以新华西街——新华东街——东风路——飞机场专线（绥远满城的东西轴线）的东西向道路；"两纵"分别是大南街——大北街——通道街（归化城的南北轴线）、哲里木路——昭乌达路（绥远满城的南北轴线）两条南北向道路；"一斜"是连接归绥两城的中山路；"两环"为内环路和二环路。

　　呼和浩特干道体系特征的形成与绥远满城的兴建有着密切关系。"一横"即"新华东街——新华西街"一线，作为东西向的城市生长轴，它实际上就是绥远满城内的鼓楼东街、鼓楼西街的延展；"两纵"中的"新城南街——新城北街"一线即是绥远城内的鼓楼南街、鼓楼北街的延伸；而作为"一斜"的中山路则是由于绥远满城相对归化城位置的东北向错位，归化城北门和绥远满城西门之间的连接线。由于沿东北、西南向倾斜约30度夹角的中山路的存在，使得城市干道体系中出现了三角形态，呼和浩特城市干道体系的可识别性得以增强。绥远满城的建立不仅为呼和浩特城市形态演变设定了一个基本框架，同时也提供了一个未来城市发展的坐标原点（即鼓楼位置），这可以通过穿行其中的东西向的城市生长轴及金桥开发区与新城南北街的传承关系得以证明。

　　图6-4为呼和浩特干道体系图，是依据目前呼和浩特市地图绘制的，粗线勾勒出"一横两纵一斜两环"的城市干道体系特征，从图上可以清晰看出绥远满城和这一城市干道体系特征形成的关系，其中新华大街与哲里木路之间交叉点上的矩形是原有鼓楼所在的位置。

4. 决定了城市干道朝向

　　从呼和浩特城区地图上可以清楚地看到市区内南北交通干道的方向并非正南正北，而是正南偏东，由此引起的东西向主干道向正

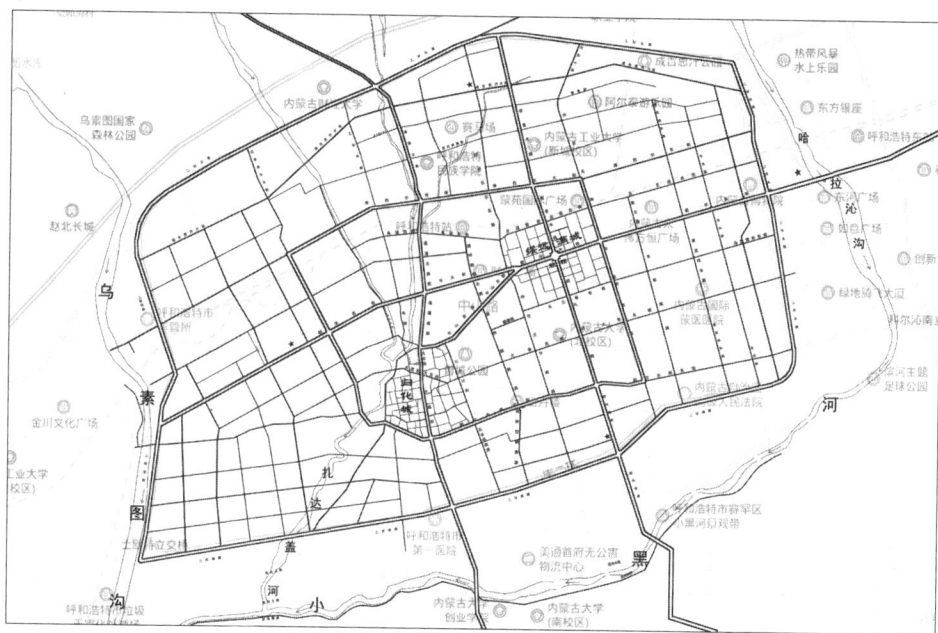

图 6-4 呼和浩特城市干道体系图

西偏南方向倾斜，这一主干道朝向倾斜也与绥远满城的兴建有关。
一份收藏在中国第一历史档案馆的《军机处录副奏折》，记录了有关
绥远满城城址选定的整个过程，奏折中写道："乾隆元年十月初六日，
瞻岱谨奏为请旨事，窃臣前奏建筑城垣基址尚未指定，蒙皇上敕派
户部员外郎洪文涧、钦天监监副李廷耀于乾隆元年九月二十一日抵
归化城。臣于都统丹津等会同相度，员外郎洪文涧等称，依克图尔
根地方殊在雨水之中，乃地势窐下，南面高而北面低，西首空而水
直无阑无拦散漫无收，此要建筑城垣未为妥协。详视归化城之东北
约五里许，后有大青山作屏障，前有依克图尔根、巴罕图尔根贰河
之环保，左有喀尔沁口之水，右有红山口之水，会于未方。其中地
势，永固之城基，实军民久安之要。新城垣建筑于此，取壬山丙向
甚为合理等语。臣等复细加酌核，今选视归化城之东北五里许地方
（即当时四王庄南面的坡地），实属风水合法形势……臣等并同酌定
基址，并选择于乾隆丁巳年二月初七乙丑日辛巳先在壬方动土兴工吉。"[10]

　　奏折中提到的"壬山丙向"，是指中国古代风水学说中二十四向
之一，是古人常作为营城建屋时确定方位之用，平时人们用东、西、
南、北、东南、东北、西南、西北八个方位笼统地定位，而在中国
风水学说中则进一步将这八个方位中的每一方位又细分为三个方向，
这就构成了"风水二十四向"。"壬山丙向、子山午向、癸山丁向"
就是将"坐北向南"细分出的三个坐向，其中"子山午向"为正南
正北，"壬山丙向"则是正南偏东。绥远满城背靠的大青山天然屏障
的正西偏南走向，让绥远满城建城时选择了"壬山丙向"，从而导致
绥远满城的朝向呈正南偏东，因此城内的南北干道也是随之向东倾
斜。清廷营建绥远满城时所取的"壬山丙向"让后期呼和浩特主要
交通干道的发展都延续了这一方位，并最终决定了呼和浩特城市的
干道朝向。

　　图 6-5 为"壬山丙向"与绥远满城道路朝向对比图，从图中可以
看出"壬山丙向"与绥远满城的道路朝向是一致，而呼和浩特的城
市道路朝向也由此确立。

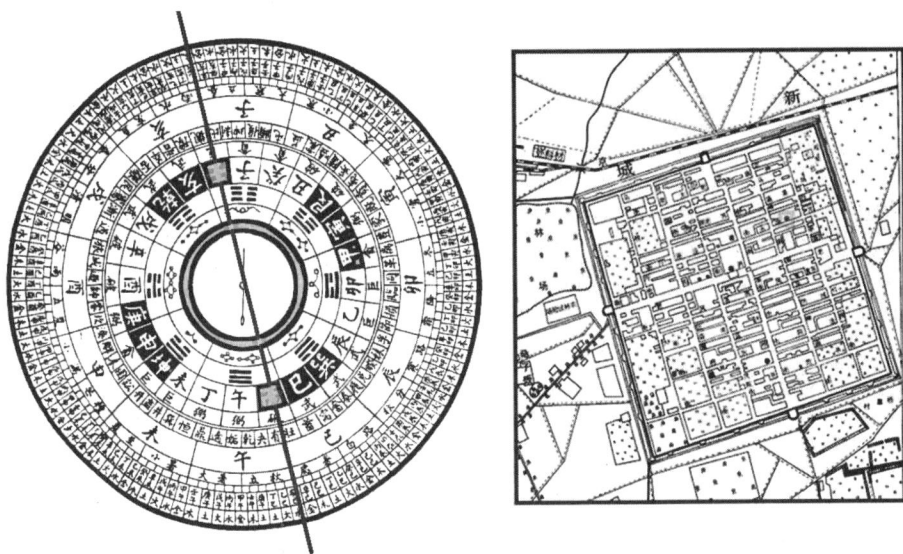

图 6-5　"壬山丙向"与绥远满城道路朝向对比图

5. 形成了规整的街区肌理

清初在战后废墟上建起的归化城，虽经康熙、雍正两朝的军事经略及黄教的推崇使之再次复兴，但从街区演变的模式上一直是以"大南街——大北街"为轴自组织生长，加之城南召庙对商户租赁土地的随意性，使得归化城地区的街区肌理呈现无序状态，这种无序状态在清同治九年（1870）后随归化城经济的衰败而发挥到极致[11]。在归化城呈无序、自然组织演变的同时，绥远满城则仍按照建立之初的规整有序军营街区肌理不断完善，两城并置的城市格局持续到民国2年（1913）绥远特别行政区设立。为了便于新旧两城的联系，时任绥远将军的北洋军人张治，曾将原绕道姑子板村的路基南移取直，在新城西门到旧城北门之间开辟了一条马路（现今中山路的前身），这条马路经民国18年（1929）及26年（1937）日伪时期的逐步完善，为新旧两城最终融为一体打下了基础[12]。作为军事驻防的绥远满城，到清末由盛至衰，几经变革，直到1949年绥远和平解放，绥远满城基本布局型制并未发生大的变化。

中华人民共和国成立后随着城市的迅速发展，1951年开始陆续拆除绥远满城城墙，绥远满城内的道路才得以逐步向外延展，纯粹的军事驻防功能特征，使得绥远满城在开始建立时就带有明显的秩序性，并对后期呼和浩特的街区扩展产生了很大的影响，这在今天呼和浩特市区地图中也容易识别出来。由于当时呼和浩特城市发展主要围绕绥远满城展开，因此绥远满城特定的军营建制模式引导着呼和浩特街区肌理向有序状态发展，并进一步将绥远满城建城时的道路间距、街区尺度都延续到呼和浩特城市城区扩建过程中。留存至今的《敕建绥远城碑》中记载的绥远满城城周"一千九百六十丈"（6272米），形状近似为正方形，通过周长可推出四面城墙的长度大约为1568米，绥远满城内由于被鼓楼东西大街与南北大街划为四个街廓，街廓的尺度大致为784米×784米，城内干道间距基本就在800米左右，当呼和浩特以绥远满城作为城市生长核心向外拓展时，拓展的东西向及南北向城市干道的间距基本都遵循这一尺度。

图6-6为归化城与绥远满城街区肌理对比图，引自《呼和浩特地

名志》，从图中已出现电灯公司可推断此图绘制于1925年以后，可以看出此时绥远满城还未突破军营城垣的束缚，而归化城则仍是主导呼和浩特拓展的城市生长核心，但归化城无序的街区肌理与绥远满城有序的街区肌理形成鲜明的对比。

6. 促进了归化城区拓展及周边村落的形成

绥远满城建成后，从漠北蒙古撤回的京旗满洲家选兵2000人，从热河而来的八旗兵1000人，从山西右卫而来的八旗蒙古兵500人，三股八旗兵丁共3500人携带家眷进驻绥远满城。清乾隆六年（1741），因战争形势之需要，又选派京旗满洲家选兵400人入驻绥远满城[13]，八旗官兵、家眷及工匠的涌入极大地刺激了归化城的消费水平，许多原在山西右卫的商号也随之而来，绥远满城军营规制的限定让很多商家只能入驻归化城，归化城区便在商号置地建房的浪潮中向外扩展[14]。

八旗兵丁入驻绥远满城不仅推动了归化城的经济发展、城区扩大，同时也带动了周边村镇的形成与发展。在现今呼和浩特市辖区范围内自然村落约有3600个，其中形成于五代和辽金元时期的村落约占1%左右；形成于民国至20世纪初的村落不到1%；形成于明代的约占10%；现在的绝大多数自然村落形成于清代中前期，即清康熙、雍正、乾隆三朝约150年的统治时期，约占全市现有村落总数的70%左右[15]。绥远满城的兴建进一步促进了呼和浩特周边村落的形成，当然这也与清廷当时的放垦政策有关，绥远满城建成后周边的大粮地、代买米地、庄头地、寺庙香火地等垦殖面积不断增加，这些农业用地的出现自然需要大量农民来此耕种，围绕着这些用地，原有村落得以发展，新的村落随之出现，大量村落的存在给后期呼和浩特的城市化进程提供了充分的物质准备。

清乾隆四年（1739）兴建的绥远满城，不仅使归化城作为清廷将蒙古传统部落组织转化为一般地方行政单位最为彻底的地区，也让呼和浩特城市形态演变从以归化城为单一核心的城区拓展模式转变为归化城、绥远满城双城并置的城市发展格局，并主导了呼和浩

图 6-6 归化城与绥远满城肌理对比图

特城市的后续发展方向。将绥远满城在呼和浩特城市演变过程所起的作用归纳出来，除了能更深层次了解"突发空间"的楔入对城市形态演变产生的影响，也会对城市规划的决策提供一些有价值的科学依据。

第二节　西安满城对西安城市形态演变的作用研究

西安作为维系西北乃至全国安危的军政要地，清廷在此建立驻防城无疑是为了掌八旗驻防体系的重要节点。西安满城不仅是清朝入主中原后设立最早的直省驻防城，也是各地区重要的驻防兵源供给及中转之地，在统一全国、平定西北的战役中都起到了重要的作用。尽管随着清廷国力的衰败、王朝的覆灭，西安满城逐渐淡出了历史的视线，但其对西安城市形态演变的影响至今依旧存在。以下通过比较西安明城、西安满城以及现今西安的城市形态特征，来深入探寻西安满城在西安城市形态演变过程中所起的作用。

一、西安满城的建立

西安自古就是维系西北乃至全国安危的军政要地，秦汉隋唐都曾定都于此，宋金元明也在此设立军事重镇。清顺治二年（1645）八旗兵丁攻占西安后[16]，为了加强对这一军政要地的掌控，于当年在西安明城内的东北隅建立了西安满城，历时四年，于顺治六年（1649）完工。西安满城以西安明城旧有的东大街为南界，以钟楼北大街为西界，北界和东界依托西安明城原有城墙，围合成一个封闭的军事禁区，并将西安明城原有的秦王府、镇国将军府、临潼王府、保安王府以及秦王府所属官兵营地囊括其中，从而形成了约占西安明城42%的用地面积，后又与康熙二十二年（1683）在西安明城东南隅为汉军八旗兴建的"南城"连为一体[17]，共同构成了西安城的整体驻防营地。西安满城是重要的驻防兵源供给及中转地，曾先后向西北伊犁、乌鲁木齐、湖北荆州地区调拨兵力，城内的八旗兵丁不仅在清初征讨新疆、甘肃、宁夏等西北地区的战役中屡建奇功，而且在康熙年间平定西南地区"大小金川叛乱之役"中也发挥了重要作用，尽管西安满城在民国2年（1912）城墙拆除后逐渐解体[18]，军政作用消失，但从城市形态演变的角度来看，西安满城对西安城市形态演变的影响至今依然存在。

　　图6-7为1918年西安府城之图，引自日本东亚同文会出版的《支那省别全志》，图中位于西安府城东北隅大的矩形色块覆盖的是西安满城，东南隅小的矩形色块为"南城"。

二、西安满城对西安城市形态演变的作用分析

　　诚如一些书籍在提及清代城市建设时，会一概而论地认为清代城市基本承明之旧。清代西安府城确实是在西安明城基础上建立起来的，但如从驻防城兴建对城市形态演变的影响角度来看，在西安满城兴建伊始，西安明城的原有状态就已被打破，并不得不去适应这一突发空间的楔入，而在城市形态上进行一系列的应变反应。

1. 改变了西安城市功能区分布

　　顺治二年（1645），清廷将西安满城城址设定在偏离城市传统商贸区及官署区且人少地空的西安明城东北隅，这是考虑到节约建城经费，当然更是看中了偏守一隅在攻防战略上的优势。通过将西安满城的南界城墙建在西安明城内的东大街上，西界城墙建在西大街上，东界城墙与北界城墙利用西安明城原有城墙，将明秦王府、镇国将军府等处可资利用的建筑遗存框入城内，以减少修建驻防城的物资消耗；同时选择民宅商铺分布较少的东北隅设置营房，在一定程度上确实减少了对原住居民搬迁的滋扰。康熙二十二年（1683），清廷又依西安满城南墙修建"南城"以安置增驻西安的汉军八旗兵

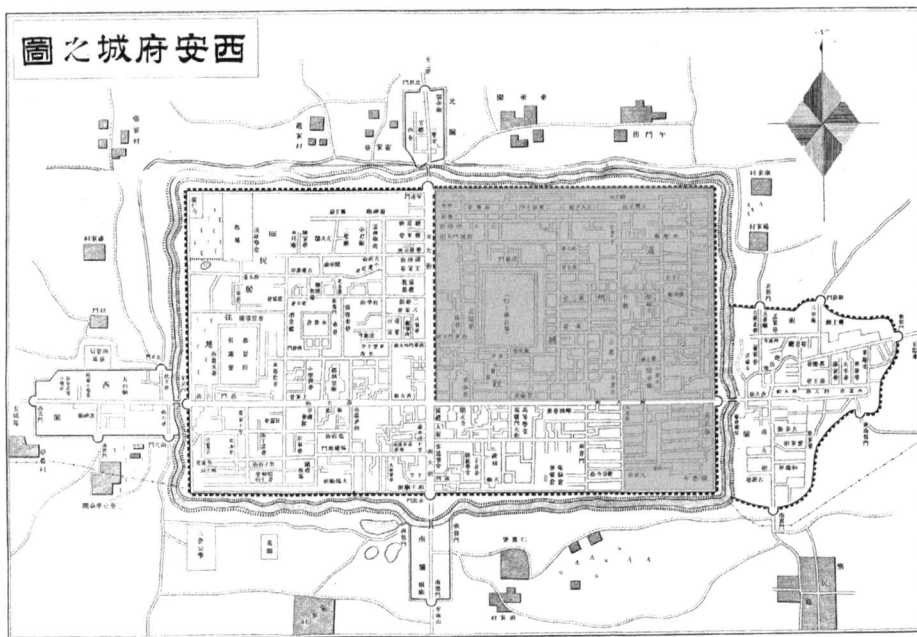

图 6-7　1918 年西安府城之图

丁，这样西安明城东部城区大都被划为军事禁区；而当时西北城区主要又被地方官署占据，因此，城市其他功能区如商业、文化空间被迫压缩并向城南及西南方向转移，以适应西安满城楔入后给城市用地带来的紧张变化，这从现今西安城南碑林区文化设施、西南角南马道巷一带的金融、餐饮、住宿等设施密集分布可见一斑。另外，西安满城的建立在很大程度上还带动了城市关厢的商贸发展，由于西安满城为军事禁区，这就限定了城内旗人不准经商，而城外汉人又被禁止入内交易，从而催生了西安满城关厢商贸区的形成，而"东关"以其靠近西安满城生活区及东城门的交通地理优势，在西安满城日常大量消费的需求下，很快从单一居住区转变成商贾云集的市场，一跃而成为极具活力的商贸区域。上述城市功能区域的迁移和变化，都说明了西安满城的建立给西安城市功能区重新分布带来了很大影响。

2. 调整了西安城市道路体系

西安满城的建立虽因其南界及西界城墙占据了东、西大街，而破坏了原西安明城以钟楼为中心的大十字道路结构，但随着民国2年（1912）西安满城南界、西界城墙的拆除，大十字道路结构又得以恢复，所以从后期城市发展来看，西安满城并未影响到西安城市道路的主体结构。但从整个城市道路体系发展过程来看，西安满城的建立给城市道路体系带来的主要影响就是西安明城内东西向干道的增加，以及东北隅密集、规整的街巷肌理，这可通过明嘉靖二十一年（1542）绘制的《明西安府城图》和清雍正十三年（1735）绘制的《清西安府城图》对比看出[19]。由于在明代，西安明城受秦王府、保安王府、临潼王府等大型宅院占地影响，除了东大街至西大街一线横贯城市之外，城内再无贯穿城市的东西向干道，这使得西安明城内东西交通联系薄弱；西安满城兴建后，从军事战略角度出发，打破原有各类王府用地界线而进行了统一规划，有意识地强化东西向交通，以加强城内干道与城门、城西官署区之间的联系。清光绪十九年（1893）测绘的《陕西省城图》上文字注记言"满城大街七，小巷九十四", 西安满城中的七条大街中东西街就占了五条, 分别是西华门大街 (今西新街)、新城门大街 (今西五路)、头条街 (后宰门街)、二条街 (今西七路)、三条街 (今西八路), 其中新城门大街 (今西五路) 及二条街 (今西七路) 因其位置合适, 最终被拓展成贯穿西安城市的东西向干道。与强调东西交通相比, 西安满城的建立对西安城市南北向道路的影响不大, 只是在民国23年 (1934) 火车站建成, 尚仁路 (今解放路) 才逐渐拓宽, 并最终得以贯穿全城, 发展为城市南北向的主干道。西安满城的兴建除强化了城市东西向交通外, 也为西安城市道路体系增加了一些特点, 从现今西安市地图上可以看到, 西安明城东南隅的 "马厂子——东仓门" 和 "东厅门——东县门" 两条弯路在西安横平竖直的道路体系内显得非常突出, 这两条弯路的形成都与后修建的 "南城" 有关, "南城" 的西墙原本要与西安满城的 "尚德路" 南口拉齐, 但为避让此处的下马陵 (汉董仲舒墓) 迫使 "南城" 西墙向东凸出, 将下马陵划到城外, 这就是现今 "马厂子——东仓门" 呈现向东弯曲的原因; 而清乾隆四年 (1739) 为方便 "南城" 与外界沟通, 在 "南城" 西墙上开设了 "通化门", "东厅门——东县门" 为了与 "通化门" 对应便向北偏移, 从而也发展为弯曲道路。

　　图6-8为明清西安府城对比图, 通过明清两个时期西安府城形态对比, 可以看出西安满城楔入后带给西安东西向道路、城市功能区分布的变化, 以及东城门外因八旗兵丁消费所带来的关厢地带的快速拓展。图6-9为1893年陕西省城图, 可以看到图右下角 "大差市街" 南、靠近 "董子祠" 东侧的弯曲道路。

3. 影响着西安城市街区形态和尺度

　　清代直省驻防城有其独特的内部功能布局和街区划分方法, 来适应弹压地方及满足八旗兵丁生活的需要。驻防城内的交通干道需与城门连接, 以方便调动军队; 将军衙署、都统府等建筑选址既要设在驻防城中心位置, 又要方便与地方政府联系, 以便起到及时调拨及监视作用; 城内营房常采用 "棋盘式"、"蜈蚣式" 布局, 街区形态规整,从而便于军事化管理，西安满城的规划亦是如此。由于在建设西安满城时，为了节省经费，将"明秦王府"坚固且具有军事利用价值的砖城改建为"八旗校场"，西安满城就形成了以"八旗校场"为中心的规整街区布局形式。通过查阅清雍正十三年（1735）绘制的《清西安府城图》可以看到，西安满城内部除了大尺度的"八旗校场"、"将军署"、"左右翼署"等军政建筑及庙宇建筑外，更多的是按棋盘式、蜈蚣式排列的八旗兵丁营房。军事化管理以及按等级森严的宅基面积控制，使各街区进深尺度保持在30至60米之间[20]，30米进深尺度的街区为两排营房，60米进深尺度的街区为4排营房，这与《钦定八旗通志·营建志》中记载的营房配置标准基本一致。西安满城内这种形式规整、尺度密集的街区形态，不但给民国17年（1928）的西安新市区（原西安满城区域）规划提供了依据，也为后期在此形成人口密集的棚户区埋下了伏笔，时至今日，此处仍为住户密集的街区，成为西安目前街区改造的重点。

4. 为西安城市公共设施建设提供了充足用地

清宣统三年（1911）十月，同盟会和哥老会在西安发动了旨在推翻清廷的武装起义，此次战役让西安满城内的大量建筑被毁，西安满城基本丧失堡垒作用，这从民国3年（1914）勘测、昭和十三年（1938）制版的西安军用地图上可以清楚看到，除了八旗校场（今省政府）、将军署及沿东大街的西安满城南墙附近还残存着一些建筑外，城内约占80%的面积都被夷为平地，反清的战火在将西安满城变为废墟同时，却无意中为之后的西安新市区建设做好了拆迁铺垫。民国22年（1933）测绘的《民国西安城图》呈现了西安满城被毁22年后西安市区的状况，从图上可以看出，标志现代城市应具备的公共设施都已出现：西安满城的"八旗校场"变成了"西安绥靖公署"（今陕西省政府和新城广场）；"将军署"改建了"骑兵团"（今西安市口腔医院）；在原"左翼署"、"正红厢红驻地"、"正白厢白驻防"位置规划了"森林公园"（今西安市人民体育场）；将"正黄厢黄旗驻地"南半部改建为"革命者公园"（今西安市革命公园）；

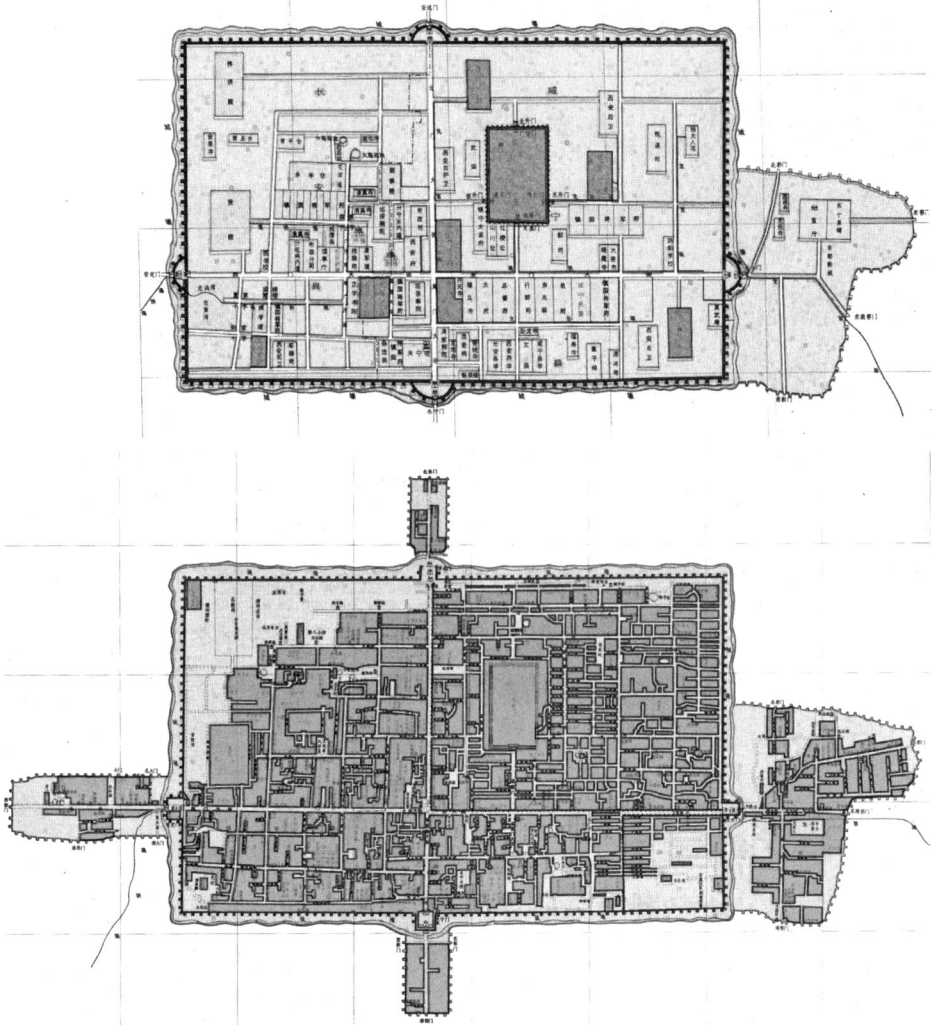

图 6-8 明清西安府城对比图

南行過曲巷西偏後南行數十丈
折而東過五嶽廟後折而南循大
車家巷五嶽廟東正南至南城
根止迤東為咸甯界迤西為長安
界其衙署將軍以下八旗駐防均
駐滿城迤撫布政糧道府及清軍
應中軍恭將府縣三儒學均在咸
甯糧督行署今日南院按察盬道
理事廳咸甯守營均在長安其大祀
省城隍廟五嶽廟西嶽廟在滿城
其城內分坊七共二十九
支廟文昌廟在咸甯武廟在長安
泉北路十西北路九中北路十三
坊在長安界者西路十一南路十
四路七南路七比路六共二十九
長安十九其小妹咸甯七小巷九十

滿城則大街七小巷九十

共五十三坊其大街咸甯二十六

四外四郭城東南郭全屬咸甯北
部兩縣中分西郭全屬長安
每方五十丈今實測城周四千三百九十丈為二十四里三分
零東西距一千三百七十丈零為七里六分零南北距八百二
十五丈為四里五分零
滿城周二千六百三十丈為十四里六分零東西距七百四十
丈為四里一分零南北距五百七十五丈為三里一分零
光緒十九年十月中党沙爾館測繪

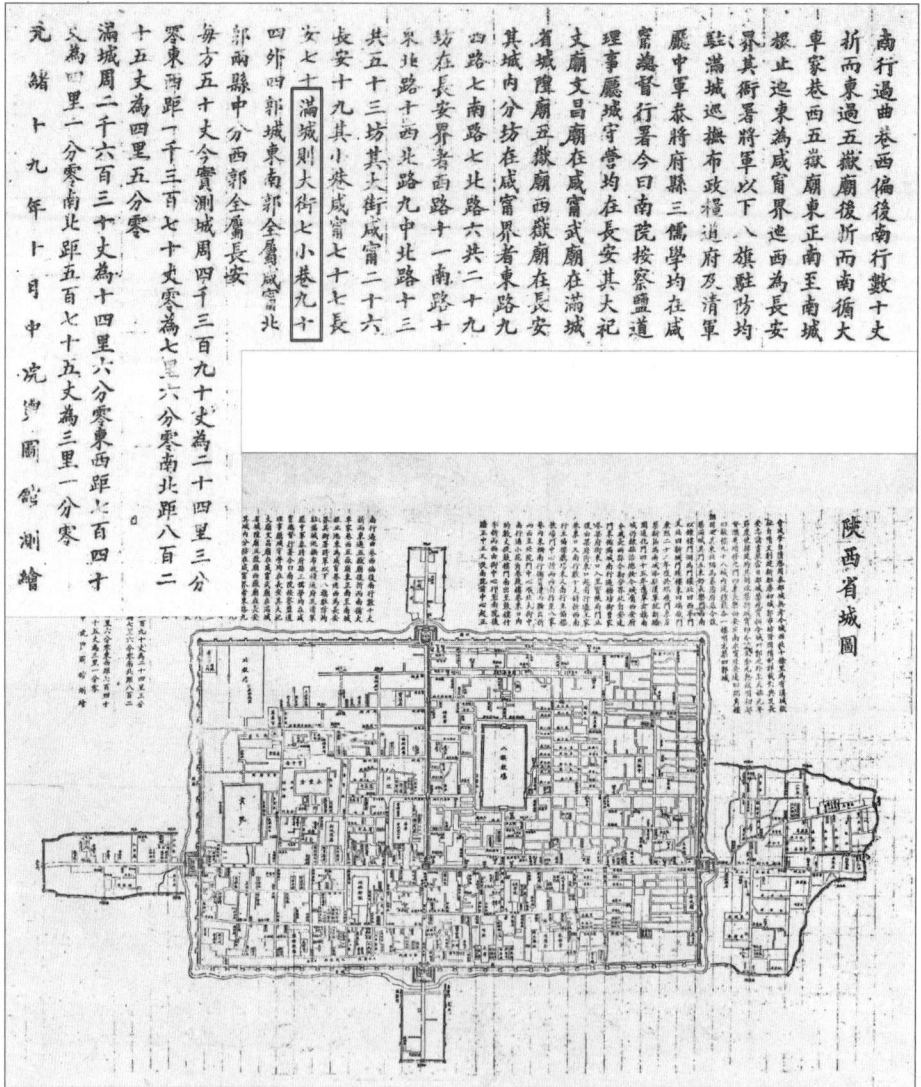

图 6-9　1893 年陕西省城图

在新城门大街北开设了"西安女师"、"西安女中"、"培华女职"（今陕西省妇幼保健医院）；在大差市左右建立了慈善性质的"红十字医院"和私立性质的"广仁医院"（今中医医院和西安市第四医院）；中山门靠北设立了"孤儿教养院"（今东三路一带）；在"小鸭子坑"北一带建起了"西安火车站"（今仍为西安火车站）。通过对比不同时期西安地图及查阅资料可知，之所以能将现代城市公共设施有序、合理地置入西安市区内，都得益于西安满城因战火被毁为城市建设留存的充足用地，使得后期西安城市公共设施空间的布局更为便利合理，从而让西安在向现代化城市演进的过程中少走了许多弯路。

图6-10为1933年民国时期西安城图，从图中可以看到西安满城内部被战争中毁掉的空间大多被后期城市公共设施所占用。

5. 促进了西安城区扩展及周边村落的形成

兴建西安满城除了影响到西安明城内部的功能分布、道路体系、街区模式外，对西安城区的扩展及周边村落的形成也起到了促进作用。在兴建西安满城之初，派驻满蒙八旗兵丁为2000人，及至清乾隆二十八年（1763），在西安满城驻防的八旗兵丁共5000名，如将家眷一并计算约30000人左右[21]。大量八旗兵丁及家眷的存在极大地刺激了西安地区的消费水平，许多商号蜂拥而至，西安满城周边地区便在商号置地建房的浪潮中向外扩展，其中以"东关"地区为最。八旗兵丁入驻西安不仅推动了城区扩展，同时也带动了周边村镇的形成与发展，作为功能相对完善的驻防据点，除了建立驻防城以供八旗兵丁及家眷居住外，西安城外还有为八旗兵丁提供的生活必需的功能空间，如"八旗官员田产地"、"八旗马厂地"、"八旗兵丁茔地"等。这些功能空间遍布西安郊区，其中"八旗官员田产地"16处，主要集中在东关与南郊大小雁塔、八里村、野狐塚等地；"八旗官兵茔地"3处，主要集中在南城壕边、长安县海家村、咸宁县仁头院附近；"八旗马厂地"主要分布在渭河沿岸草滩、长安县草滩及咸宁县的河滩地一带。存在于郊区的这些功能空间都要人力来打理，特别是"八旗官员田产地"，更需要大量农民会民来此耕种。

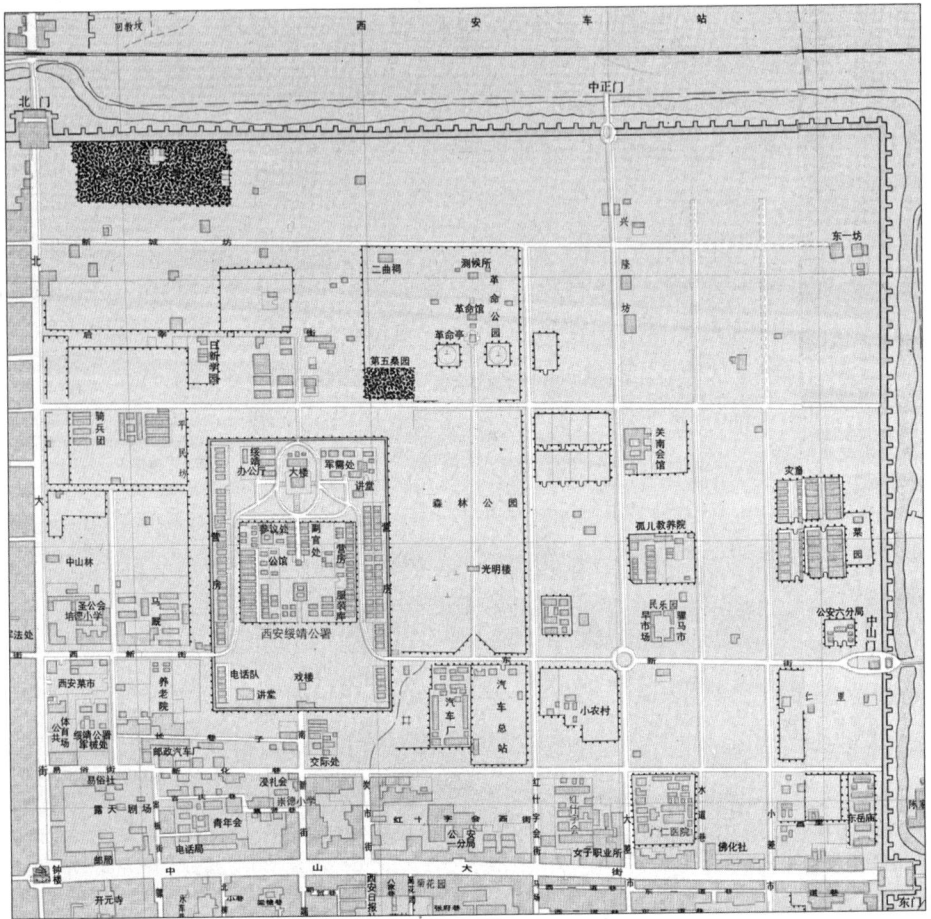

图 6-10 1933 年民国西安地图

　　围绕着这些用地，原有村落得以发展，新的村落随之出现，大量村落的产生为后期西安城市化进程提供了充分的物质储备。

　　从清顺治二年（1645）着手兴建，历时四年建成的西安满城，尽管随着西安城市的发展已淡出了历史的视线，但从城市形态演变的角度来看，却给西安在城市功能区分布、道路体系、街区模式、城市周边村落形成等方面带来了很大影响。西安满城这一清廷强行置入各地区的军事驻防空间，不仅打破了其所依附城市形态演变的渐进状态，在一定程度上更促进了依附城市的快速发展。通过将西安满城在西安城市演变过程所起的作用进行归纳，或许能为了解西安城市形态的现状及未来城市的规划发展提供一些有价值的资料。

第三节　青州满城对青州城市形态演变的作用研究

　　青州为古九州之一，地处山东半岛中部，《尚书·禹贡》记载
"海岱惟青州"，因地处海（渤海）岱（泰山）之间，位于中国东方，
"东方属木，木色为青"，故名青州。自秦统一天下，置齐郡至今已
有两千二百年的历史，其地理位置优越，向来为战略要地。西汉武
帝元封五年（前106）设青州刺史部，治所广县城（今青州市五里镇
下圈村附近），始称青州城；西晋怀帝永嘉五年（311）曹嶷弃广县
城，在广县城北筑广固城（今青州市水源路北50米）；东晋义熙六
年（410）权臣刘裕灭南燕，夷广固，筑东阳城于此，位于南阳河之
北，后又有南阳城，坐落于南阳河以南。目前，东阳城与南阳城在
区域上依旧为青州市城区的主要组成部分[22]。清雍正八年（1730），
清廷在东阳城北五里处兴建青州满城（今青州城区北城社区一带），
与南阳城共同归青州府管辖，民国后改为益都县，中华人民共和国
成立后于1986年撤益都县设立为青州市。

一、青州满城兴建目的

　　清廷兴建直省驻防城的意义就在于"弹压地方、节制绿营"，故
青州满城的兴建也自然是为了维持地方政权的稳定。山东为京师左
臂，明代海江多事，青州地位得以上升，清雍正六年（1728）九月，

雍正帝听军机大臣大学士张廷玉等奏报山东登莱一带兵力薄弱，便批示："登莱二府皆属边海地方，似应照天津之例设满洲水师"，并晓谕河东总督田文镜密议具奏[23]，此批示即证实在山东地界建立驻防城的主要目的就是为了地区稳定；而当田文镜根据当时登莱胶州沿海及内陆的兵力布局情况，提出"勿庸添设水陆满兵"时，雍正帝给予的批示却是："此论固甚详细，但卿未会朕意"以及"论钱粮在京在外皆属一体，亦不为枉费"，从雍正帝的复批可知：建立青州满城除了维护地方稳定，更重要的是能够解决京畿旗人生计问题。

二、青州满城的选址

清雍正七年（1729）兴建青州满城之事已成定局，选址就被提到了议事日程，那么是设在既有的青州府（即南阳城）城内，还是在外围重新选址营建驻防城则需要慎重考虑。根据雍正帝的批示"预备援剿调遣而设"，说明青州驻防八旗兵丁的职责不是参与地方守备及巡察缉捕，而是依据全国战事需要，随时会被调往前线应战，故此将驻防营地设在青州府城内就显得没有必要，而需建在确保军队随时调度方便的地方；另外，派往青州府的八旗兵丁被指定为"永远驻防"[24]，其驻防营地的设置必须较"定期换防"营地更具独立性，以供八旗兵丁长期居住，从上述情况来看，在青州府城外围选址建立独立驻防城就成为必然。

既然选择在青州府市外围修建独立驻防城，那么这一独立的青州满城究竟位于青州府城外什么方位更合适呢？起初田文镜将青州满城城址选在与青州府南阳城隔河相望的东阳城旧址上，但后来考虑在东阳城旧址上建青州满城，会因离青州府城太近，出现"逼狎府城，治兵牧民恐互有所扰"的情况，不如重新选址建在东阳城旧址"更北五里择高原而为之，城周六里，高仅丈余，登陴四顾，邻邑支县皆若建瓴"，故此青州满城的最终选址是在东阳城旧址向北五里的开阔地带。将青州满城选址于此，不只是为了拉开与青州府的距离，同样也是从军事布防上考虑便于扼守交通要道，掌控地区形势，因为此处南依群山，北望平原，东阳古城驿站也设立于此，东通登莱，西去济南，北至京津，进入青州的西、北、东三条官道皆汇集于此，足见其地之重要[25]。

图6-11为昭和十五年（1940）日本支那派遣军总司令部出版的《支那城郭概要》中绘制的青州城图，从此图上可以看到东阳城、南阳城以及青州满城的位置关系：图的下方被城墙围合、标注着"青州"字样的城区为南阳城；中部城墙轮廓不清晰的部分为东阳城遗址，振清门为东阳城的西北门；而上部标注为"北城"的城区就是青州满城。

三、青州满城对青州城市形态演变产生的影响

与设置在依附城市内部的驻防城比较，兴建在外围的独立驻防城对其所依附城市形态演变的影响相对会更大一些，绥远满城、宁夏满城即是如此。然而青州满城却是个例外，作为一个"城周为六里二分二厘"[26]的独立驻防城，青州满城在其所依附城市形态演变过程中，既未曾因其出现而在青州城市发展过程中形成新的城市生长核心，也未因其存在影响整个城市形态的基本构架，相对而言确实略显意外。但作为青州城市发展过程中的一个重要事件，青州满城的出现还是对青州城市形态演变产生了一些的影响，具体体现在以下几个方面：首先，作为清廷有计划设置的直省驻防城，青州满城的出现让原有的青州府城在南阳城及东阳城遗址范围基础上，又增添了一个新城区，尽管这新城区最终也未成为青州府的城市生长核心，但客观上将青州市的市区范围向北拓展了一定的距离；其次，由于青州满城的存在，让后期青州市的南北主干道"驼山南路"得以向北延展；再次，青州满城整齐划一的驻军营地特点，使之即便在辛亥革命后经历了诸多磨难最终解体，但仍给青州城市肌理上留下了一块规则有序的城区烙印；还有，青州满城的出现对于青州市周边村落的形成也产生了一定的影响，如北城社区就是由北城、菜园、北辛村、柳河湾四个自然村组成，其中北城即原来的青州满城，其他三处均为八旗兵丁的官菜园、旗地、茔地[27]，尽管青州满城对青州城市形态的演变产生了一定影响，但作为一处建在依附城市外围的独

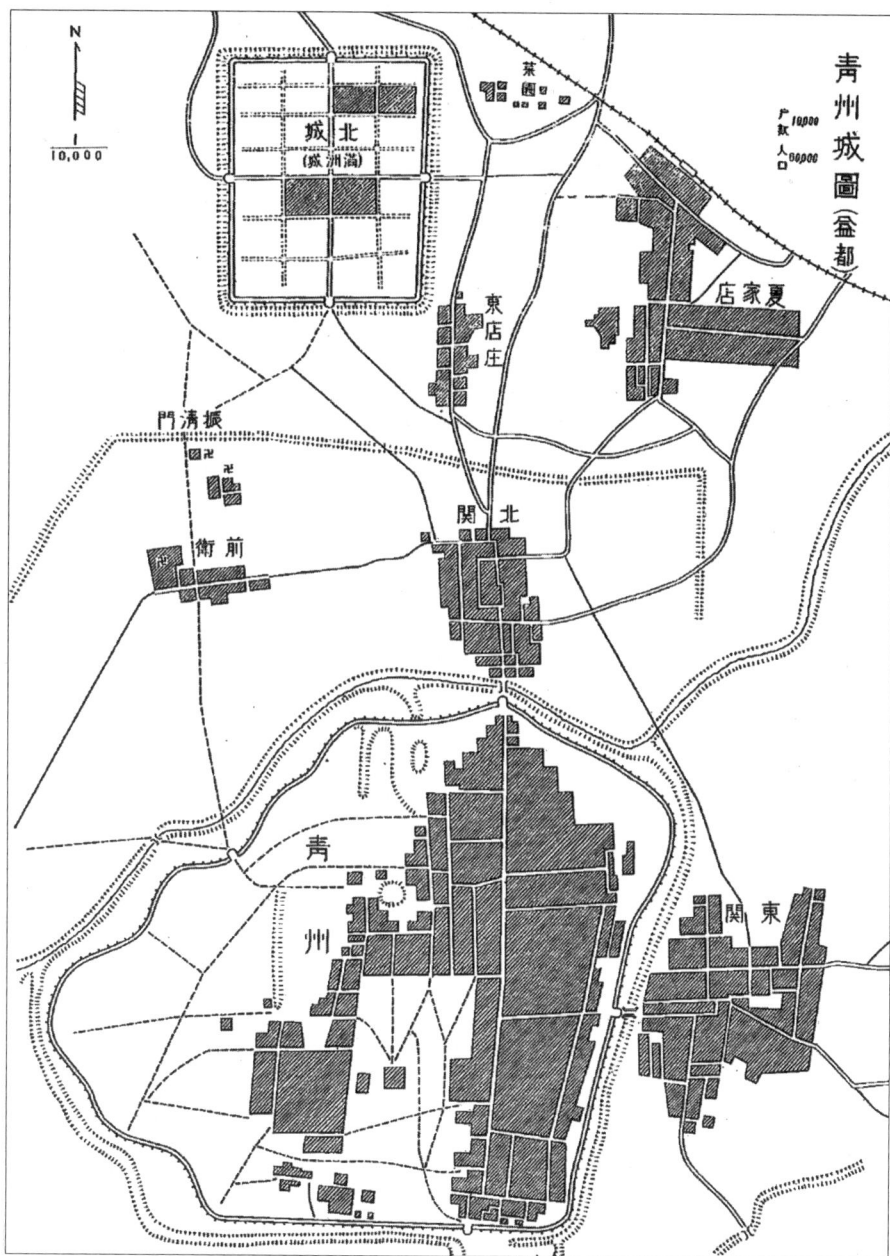

图 6-11　1940 年青州城图

立驻防城，青州满城在青州市城市形态演变的过程中所起的作用还是相对弱了一些。

图6-12为青州驻防旗城原图，引自《益都文史资料选辑》第一辑，从图上可以看到青州是典型的十字形布局，十字中心东北角设将军衙署，各旗按制度分设驻防城各自方位，城南门外有大教场和菜地。

四、阻碍青州满城对青州城市形态演变产生影响的原因

1. 青州城市行政级别制约了青州满城在城市形态演变中的作用

经济、政治、军事皆是城市发展的动因，一座城市无论是因为历史原因，还是地理优势，一旦被确定为某一区域的中心城市，不但会增加其政治资本，还会利用这一优势配置资源使其很快成为经济中心，从而推动城市的快速发展。自两汉时期到明朝初年，青州一直是山东地区的政治、经济、军事、文化及贸易中心，然而明洪武九年（1376），山东承宣布政使司等机构由青州府迁至济南府，青州由此丧失了山东半岛行政中心的地位，其得以发展的政治优势自此消失。青州满城的建立也曾是青州城市的一次重要拓展，但由于青州府当时已失去了促使其发展的政治优势，城区本身在一定时期内处于停滞状态，致使青州满城虽最终与青州府（南阳城）融为一体，但城区范围依旧被限定在原有地块上，城墙轮廓和街区肌理至今都得以保留，可见其在青州城市形态演变过程中的有限作用。对比绥远满城、宁夏满城这两处直省驻防城，可以进一步说明依附城市的行政级别优势对独立驻防城参与城市拓展的重要意义，绥远满城、宁夏满城的依附城市都是首府城市，绥远满城位于内蒙古自治区的首府呼和浩特，宁夏满城位于宁夏回族自治区的首府银川，独有的政治、经济、交通、文化等优势，让依附城市本身就能够快速发展，从而自然会存在更多机会打破其外围独立驻防城的封闭状态，使其在其所依附城市的快速发展中发挥重要的作用。

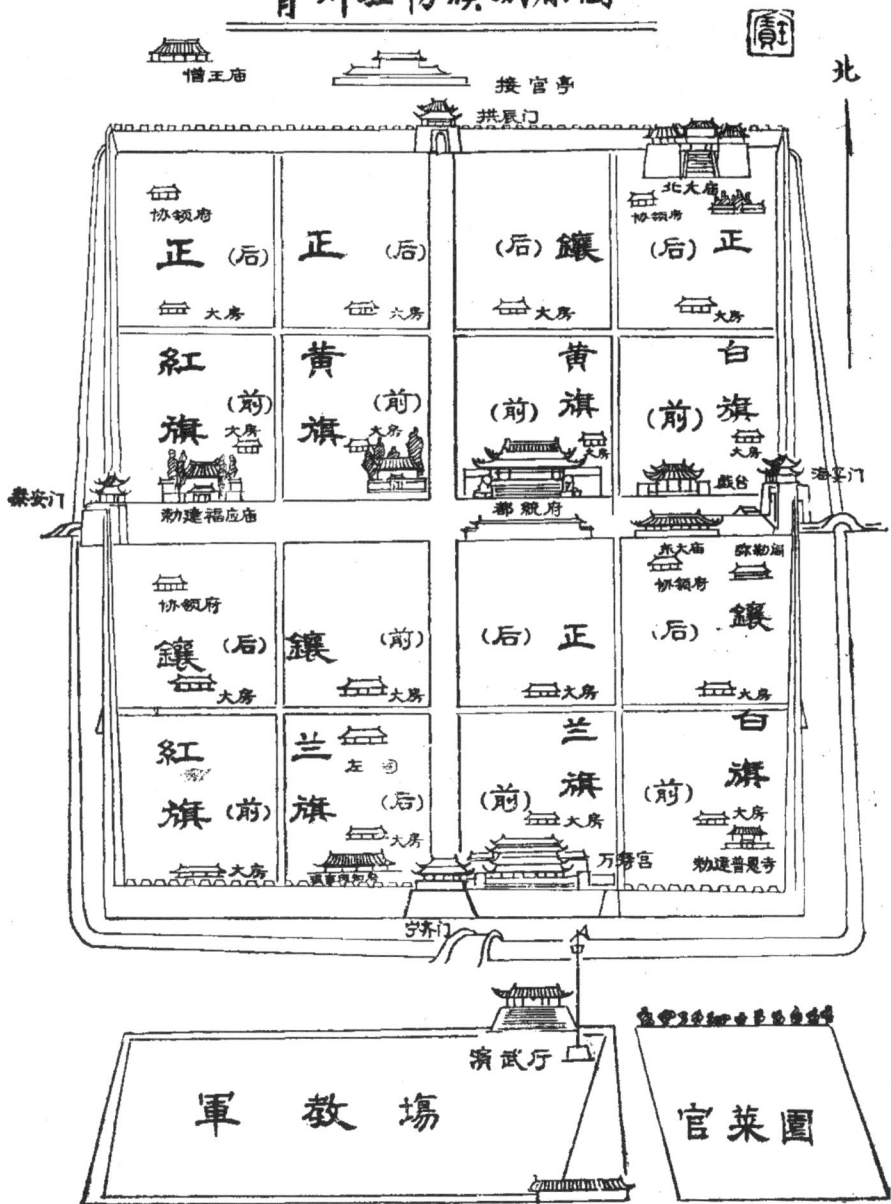

图 6-12　青州驻防旗城原图

2. 青州满城始终未落在青州城市的城市生长轴上

青州城市所在位置由于受到微观地形的限制，西南有山地及南阳河，使得城市很难向西南拓展，因此城市拓展方向只能是向东、向北，而从现今青州城市干道体系上分析，青州城市向北发展的趋势更为明显，尽管青州府（南阳城）北亦有南阳河阻拦，但北部为平原，从交通上更具优势，这从不同时期的铁路及火车站选址即可看出，因此青州满城建在了青州府（南阳城）北面。既然地理条件限定了青州城市拓展的主要方向为北向，那么不同时期青州城市的南北向城市生长轴的位置在哪里呢？

从李嘎在论文"青州城市历史地理初步研究"中改绘的"清代青州城郭坊巷示意图"上看（图5-2），当时青州城的南北生长轴位于阜财门至瞻辰门一线（即现在的北门大街），此南北向的城市生长轴线并未居于南阳城的中央，而是偏向南阳城的东部，而青州满城在建立之时是落在了这条城市生长轴线延长线的西面。

清光绪三十年（1904）随着胶济铁路的开通，益都火车站（青州南站）设在了东距青州满城东城墙约1.2公里处，青州的城市生长轴向东偏移到云门山北路一线，带动了夏庄（即夏庄小学所在地）地区的发展；2008年青州市站建成，青州的城市生长轴线再次向东偏移，海岱北路至海岱中路一线成为新的南北向城市生长轴线，而这条城市生长轴线已经距青州满城偏东北约8公里了。从上述分析说明，自青州满城建立后，青州城市生长轴发生了两次变动，尽管城市拓展方向依旧为北向，但城市生长轴却是连续向东偏移，且始终没能穿过青州满城，相反却距青州满城越来越远，这使得青州满城未能抓住两次城市生长轴变动的发展机遇。

图6-13为青州不同时期城市生长轴线图，上面绘制了南北向的三条粗线，按时间顺序从左到右依次是不同历史时期引导城区拓展的城市生长轴线。

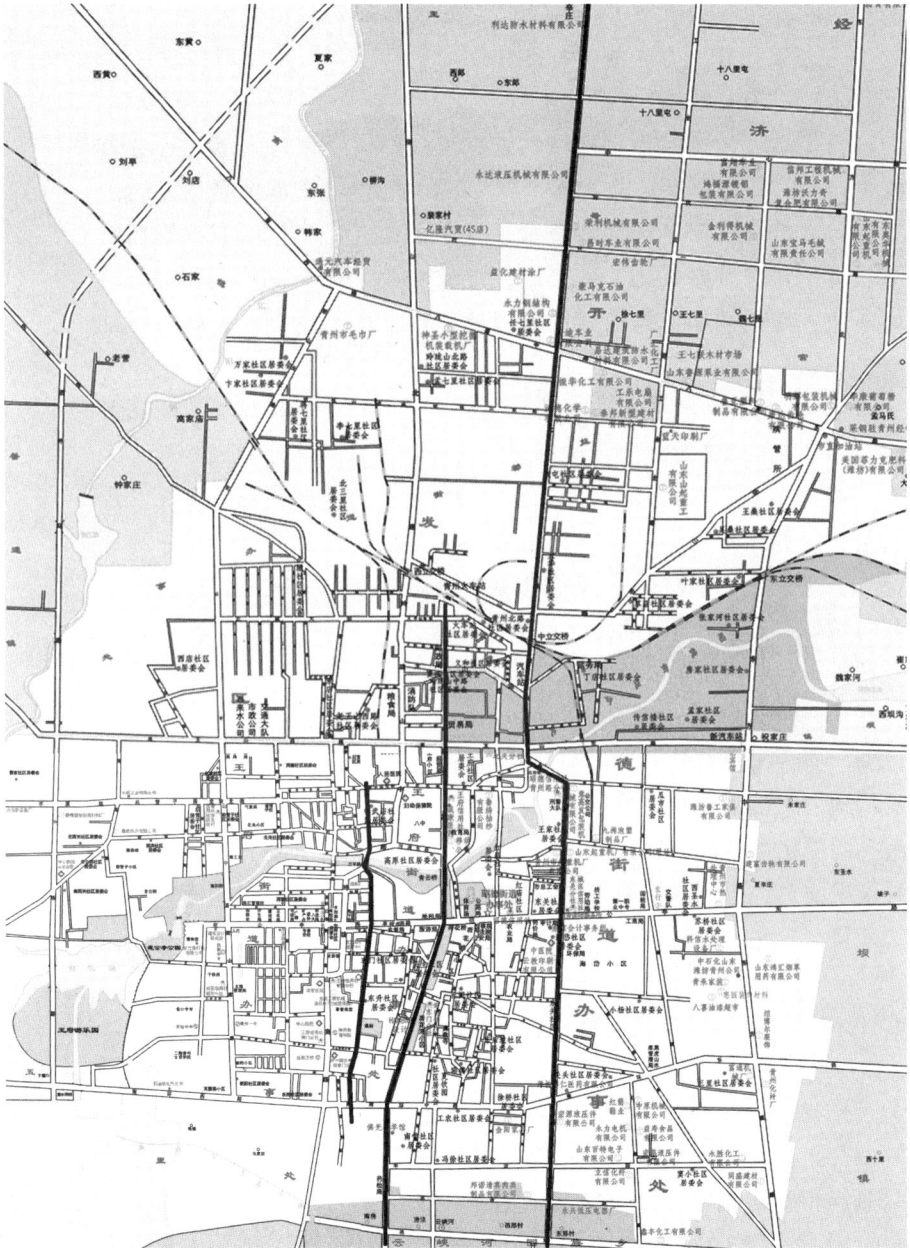

图 6-13　青州不同时期城市生长轴线

3. 青州满城内相对宽松的商贸经营政策

青州满城初设时由京师调拨"官兵、匠役及家口人等共计壹万伍千余人，分作肆队前赴青州"[28]。这一规模庞大的消费群体的出现必然会带动青州地区的消费水平，也会让追逐利益的商户蜂拥而至。由于驻防城向来为军事禁区，常规情况下商号就应该在青州满城周边，特别是在青州满城关厢置地建房，从而像西安满城那样带动关厢地区向外快速拓展。

图6-14为1938年青州满城航拍图，现藏于青州博物馆，从此图的拍摄时间可以推断，至少在当时，青州满城周围未出现关厢地带。

那么为青州满城提供日常贸易的众多商户在何处进行交易呢？清光绪二十九年（1903）举人邱锦方的《青社锁记》卷三中有一则杂记《屠夫张某》中写道："屠夫张某，驻防城东夏家庄人，日货肉于驻防城。"[29]这句话说的是张姓屠夫是青州满城东边的夏家庄人，每天在青州满城内卖肉，据此可知青州满城内部，不但为永久驻防的八旗兵丁修建了营房及衙署，也在城内建了许多商铺以供商户进行商贸经营。允许商户在驻防城内交易，这是青州满城有别于其他直省驻防城的地方，由于青州满城建立的一个重要目的就是为了解决"生齿日繁"的旗民生计问题，因而采用了相对宽松的军营驻地管理措施，允许商贸交易在青州满城内进行，故此商户们也就无需在青州满城外置地建房，青州满城周边的关厢也就失去了拓展的动力。

4. 青州满城的边缘化限制其自身向外拓展

青州满城较其他直省驻防城相对幸运，由于拥护共和使其在辛亥革命之后仍延续领取了一段时期的粮饷，民国14年（1925）青州八旗兵丁被山东军务督办张宗昌收编为北洋陆军建制的旗兵团，直到民国18年（1929）青州八旗组织才最终解体[30]，青州八旗兵丁这一群体也顺应历史的浪潮逐步没落。停发粮饷后，青州满城内的很多衙署、营房被拆毁变卖，大量旗人到济南、青岛去谋生[31]，少

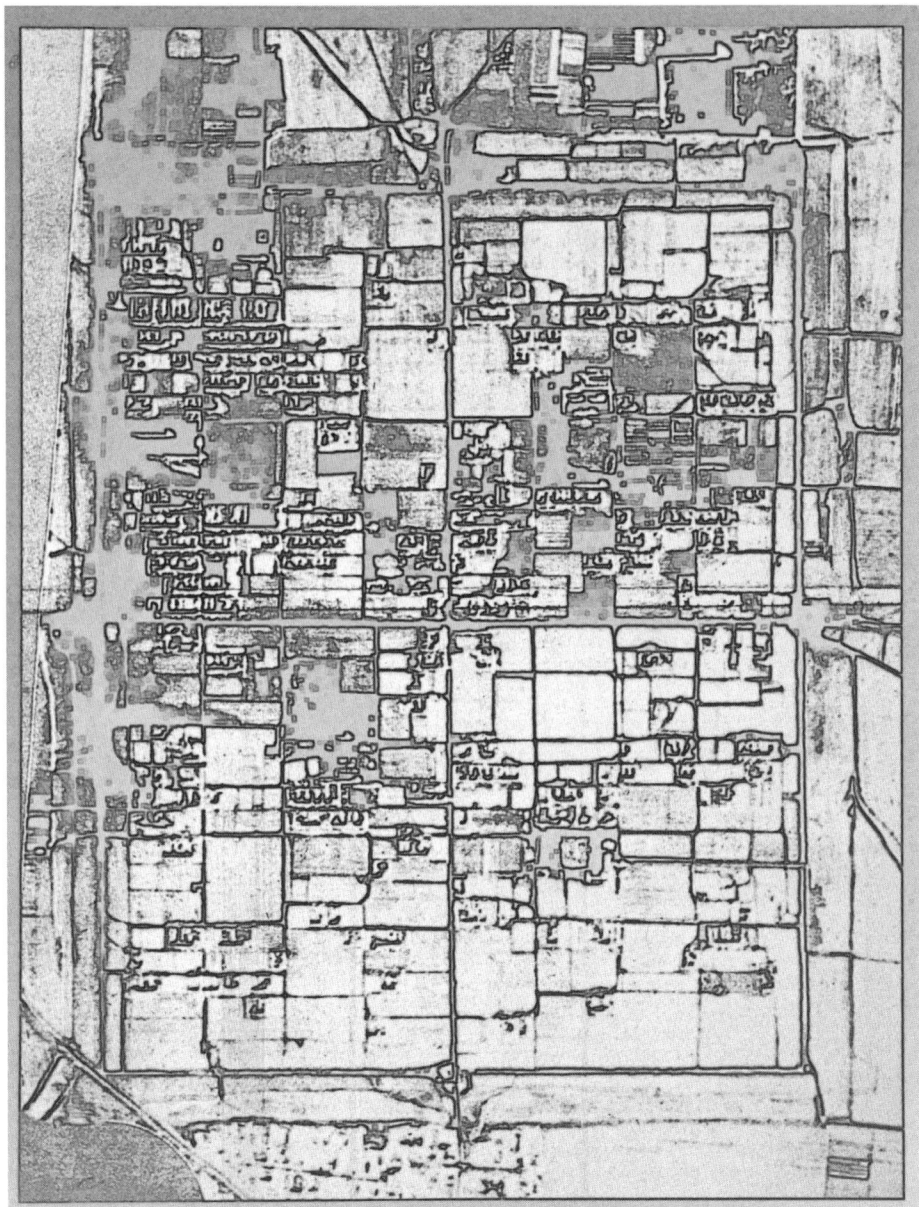

图 6-14　1938 年青州满城航拍图

部分旗人留在当地以做工与务农维持生计。随着抗日战争爆发，民国26年（1937）12月日本占领青州，旗人生计更加艰难，青州满城也彻底衰败。1949年中华人民共和国成立后，青州满城的旗人作为重点救助对象，政府通过发放土地，扶持生产，使其成为自食其力的农民，特别是在1958年《中华人民共和国户口登记条例》实施之后，这些曾依靠领取粮饷为生的"城里人"彻底成了完全意义上的农民。除了务农之外，其他旗人从事的也大都是搬运工、装卸工类的"苦力"工作，留在青州满城的旗人大多教育水平低下、生活贫困，逐渐沦落为社会最底层的人群，青州满城也被边缘化了，并最终蜕变为一个以农业生产为主的自然村落"北城村"[32]。从青州满城解体到这一地区逐渐被边缘化，大量旗人外流，而汉人又很少迁入，由于缺乏人口增长及新产业注入带来的城区拓展动力，让青州满城在相当长的时期内依旧处于封闭状态，未曾因自身的需求向外围拓展，时至今日在青州城市地图上，仍能清晰地辨识出原有城墙的轮廓，以及作为驻防营地所特有的、规则的街区肌理。

　　当然，青州满城存在的意义绝不仅仅停留在对青州城市形态演变的影响上，尽管在历史的变迁中青州满城只给青州市留下了几栋老建筑、几通石碑、一些具有军事驻防特点的街巷名，但它的出现却在一定程度上丰富了青州城市的历史风貌，让历史厚重的青州城市文化更加多元，同时也为青州历史又增添了一页独特的记忆。

小　结

　　清代直省驻防城是清廷为争夺政权、弹压地方的战略需要，在各行省有计划进行的军事驻防体系建设，由于其本身被赋予的历史使命及固有的民族传统，使其与所依附城市在特定时期内保持各自独立，但直省驻防城的存在势必会影响其所依附城市形态演变，特别是在1911年清廷统治终结后。研究清代直省驻防城及其所依附城市，不仅是为了分析直省驻防城在其所依附城市形态演变过程中所起作用，更是为了探寻城市在其形态演变过程中应对突发空间楔入的调节规律，从而为当今城市规划、新区建设、旧城改造的决策提供依据。

参考文献

[1] 荣赓麟. 说丰州 [C]. 呼和浩特史料第一集. 中共呼和浩特市委党史资料征集办公室, 1983年, 第223页。

[2] (明) 管葛山人. 山中闻见录 (西人志) [M]. 罗振玉辑刊 (第一集), 民国上虞罗氏影印, 1927年, 第47页。

[3] (清) 张鹏翩. 奉使俄罗斯日记 [M]. 小方壶斋舆地丛钞, 上海著易堂, 1891年, 第11页。

[4] 边晋中. 清绥远城修筑时间和过程考 [J]. 内蒙古师范大学学报, 2007年01期, 第19页。

[5] 清实录 [M]. 中华书局影印本, 1985年, 卷三十五: 雍正十三年十一月乙丑条, 第531页。

[6] 佟靖仁点校. 绥远驻防志 [M]. 内蒙古大学出版社, 1991. 第1页。

[7] 王德毅辑. 丛书集成续编 [M]. 台北新文丰出版公司, 1989年. 第45页。

[8] 明神宗实录 [M]. 国立北平图书馆弘格抄本影印版, 1962年. 第54页。

[9] 刘映元. 扎达盖河及其两岸的发展变迁 [C]. 呼和浩特史料 (第二集), 中共呼和浩特市委党史资料征集办公室, 1983年, 第98页。

[10] 军机处录副奏折 (档号03-0984-007, 微缩号069-0032) [Z]. 北京: 中国第一历史档案馆藏。

[11] (俄) 阿·马·波兹德涅耶夫. 蒙古及蒙古人 [M]. 张梦玲等译. 内蒙古人民出版社, 1983年, 第89页。

[12] 呼和浩特公路交通史志编委会. 呼和浩特交通志 [M]. 人民出版社, 1997年, 第98页。

[13] 军机处满文月折包（档号：0756-D05，缩微号：017-1289）[Z]. 北京：中国第一历史档案馆藏。

[14] 金启孮，佟靖仁. 呼和浩特的兴建和发展[C]. 呼和浩特史料（第一集），中共呼和浩特市委党史资料征集办公室，1983年，第218页。

[15] 呼和浩特市概况编委会. 呼和浩特概况[M]. 内蒙古人民出版社，1991年，第106页。

[16] 西安档案局. 西安古今大事大事记[M]. 西安出版社，1993年，第161页。

[17] 吴宏岐. 关于清代西安城内满城和南城的若干问题[J]. 中国历史地理论丛，2000年03期，第118页。

[18] 史红帅. 明清时期西安城市地理研究[M]. 中国社会科学出版社，2008年，第116页。

[19] 史念海. 西安历史地图集[M]. 西安地图出版社，1996年，第119页。

[20] 梁江. 西安满城区城市形态演变的启示[J]. 城市历史研究，2005年02期，第63页。

[21] 定宜庄. 清代八旗驻防研究[M]. 辽宁民族出版社，2003年，第24页。

[22] 李嘎. 青州城市历史地理初步研究[J]. 历史地理，2010年01期，第174页。

[23] 中国第一历史档案馆. 雍正朝汉文朱批奏折汇编[M]. 江苏古籍出版社，1989年，雍正六年十二月十六日，第2147页。

[24] 清世祖实录[M]. 华文书局股份有限公司，1982年，卷八十三：第451页。

[25] 李凤琪. 青州驻防城建城概述[J]. 满族研究，2002年04期，第67页。

[26] （清）邱琮玉. 青社琐记[M]. 青州市政府史志办公室，2010年，第83页。

[27] 刘小萌，王禹浪. 山东青州北城满族村的考察报告——关于青州八旗驻防城的今昔[J]. 黑龙江民族丛刊，2001年04期，第66页。

[28] 中国第一历史档案馆. 雍正朝汉文朱批奏折汇编[M]. 江苏古籍出版社，1989年，雍正十年九月十三日，第3178页。

[29] （清）邱琮玉. 青社琐记[M]. 青州市政府史志办公室，2010年，第87页。

[30] 朱批奏折（档号：04-01-18-0057-005）[Z]. 北京：中国第一历史档案馆藏。

[31] 李凤琪，唐玉民，李葵编著. 青州旗城[M]. 山东文艺出版社，1999年，第263页。

[32] 定宜庄. 辛亥革命后的八旗驻防城：山东青州满城个案考察（1911—2003）[J]. 满族研究，2008年04期，第90页。

后　记

我对地图的热爱与生俱来，每到一地必去搜罗当地的地图，闲暇之余也会抓起一张地图反复观看，而那些形态各异的城市老地图则更是我的最爱。

1990年我到呼和浩特上学，为了完成古建筑测绘作业偶尔会置身于弯曲狭窄的旧城街巷中，这与游走在新城相比，感觉恍如隔世。新旧两城之间的差异体验促使我去地图上寻求答案，翻开呼和浩特街道图，一条从新城通向旧城的斜路立刻会映入眼帘，同时也能看到新城笔直的道路与旧城圪料的街巷分庭抗礼般各自任性地存在着，试图揭开这些现象的好奇为本书的出版埋下了伏笔。尽管那时就发现：清廷于乾隆二年（1737）设立绥远满城是呼和浩特城市形态演变的历史转折点，但对于每天如期而至的设计作业与各种考试让我应接不暇，随之而来的毕业分配、单位调动、辞职考学、再次分配等一系列个人的转折点已使我疲于应付，哪还有时间去顾及一个城市的形态是如何演变的。

当各种转折让我最终落脚于高校，接踵而至的职称评审就提上了日程，科研是硬道理，将自己有限的业余时间投入到无限的科研申报中去，是每一位专业教师修成正果的必经之路。然而在每每跟着指南一通乱报静候落榜的取经路上，也会因碰壁带来的痛楚而静下心来反省获取真经的途径，能否将自己的兴趣与科研申报结合或许值得一试。地图——我的挚爱，一经点拨便即刻入脑，多年前的绥远满城也再次浮现，为维护政权稳定而兴建的一系列直省驻防城开始为我的科研申报之路做铺垫，这是清廷在设置驻防城之初从未想过的事情，而我也在获批项目的惊喜之余走上了一条用身心阅读城市的不归路。

在项目前期调研的过程中，不厌其烦地查阅各种版本的地方史志，现场实地勘测时又不断比较相关的历代舆图，独自行走在繁华的东南沿海城市，只身放步于苍茫的西北荒漠边陲，惊喜于不经意的遗迹邂逅，感叹着转瞬间的历史缺失，寻访曾经辉煌的21处直省驻防城几乎占满我近些年的业余时间。吸吮不同学科的营养让我越发觉得对外界的认知显得肤浅，偶有些许感悟又激发我带着更多好奇去探索未知的领域。当涉猎的范围逐渐翻出了清代驻防城的界限，开始无目的向外延伸，我就像是一个无家可归的浪子，徜徉在漫无边际的方志舆图里，痴迷于无尽诱惑的历史街巷中，逐渐忘却了行走的初衷，只希望真经本无字迹，佛祖永驻心中。

有时常常痴想，如能有充足时间去专注学问多好，可现实中，家庭及工作的责任同样是人到中年的必选项。晃晃间孩子已经十岁，对家庭的亏欠绝不是一两句感谢的话所能弥补，好在女儿也有着强烈的好奇心，以及不断变换的各色梦想，我希望今后能够得到允许，带着深藏内心的愧疚，与她一起踏上属于她的寻梦之路。

张威

2019年2月28日

1529502107@qq.com